Genèse et révolutions des langages musicaux

Collection *Sémiotique et philosophie de la musique*
dirigée par Joseph-François Kremer

Prenant en compte les nouvelles méthodologies d'analyse comme principe d'approche de l'œuvre musicale, cette collection propose, dans le domaine de la recherche des significations, de réunir les notions de *tradition* et de l'*actuel*.

Les ouvrages présentés au lecteur appartiennent à un courant d'investigation phénoménologique, tout en éclairant un vaste panorama de questionnement interdisciplinaire. Celui-ci est vivifié par la reconnaissance d'un principe d'analogie utile à la réception des perceptions. Nous serons sensibles aux stratégies d'élaboration de différentes poétiques, qu'elles puissent être littéraires, picturales, musicales, philosophiques ou simplement inscrites dans une rhétorique de l'expression.

Notre démarche éditoriale nous offre la possibilité à partir de contextes compositionnels, théoriques et géopolitiques d'extraire de nombreuses situations sémiotiques. Ces publications apporteront, au départ d'éléments réflexifs nouveaux, des fondements à une psychologie du musical qui tenterait d'allier le sensible à la raison.

Déjà parus

Daniel BANDA, *Beethoven :* Fidelio, *une écoute ressentie,* 1999.
François-Bernard MÂCHE, *Un demi-siècle de création musicale*, 2000.
Joseph-François KREMER, *Esthétique musicale*, 2000.
Patrice SCIORTINO, *Mythologie de la lutherie*, 2000.

Antonio Lai

Genèse et révolutions des langages musicaux

L'Harmattan
5-7, rue de l'École-Polytechnique
75005 Paris
France

L'Harmattan Hongrie
Hargita u. 3
1026 Budapest
HONGRIE

L'Harmattan Italia
Via Bava, 37
10214 Torino
ITALIE

ISBN : 2-7475-2695-X

REMERCIEMENTS

Je remercie Ivanka Stoianova, Franco Oppo, Francis Bayer, Jean-Marc Chouvel et Jacques Siracusa pour leurs enseignements, conseils et critiques.

J'exprime toute ma gratitude à Delphine Leblanc pour sa lecture avertie et exigeante sans laquelle ce texte n'aurait jamais pu aboutir à sa forme présente.

Enfin, je remercie mes étudiants qui, par leur questionnement et par leurs remarques, m'ont aidé à préciser ma pensée et mon propos.

AVANT-PROPOS

De Jean-Marc Chouvel

Saisir en un regard l'état de la connaissance et le déroulement de son histoire est devenu pour l'homme du vingt et unième siècle une gageure tout autant qu'une exigence fondamentale. C'est un des propos majeur de l'ouvrage d'Antonio Lai, *Genèse et révolutions des langages musicaux* que de donner une compréhension d'ensemble du développement de la musique occidentale, du point de vue très spécifique du fonctionnement interne des langages et de l'évolution de la pensée compositionnelle.

On ne saurait trop souligner l'originalité d'une démarche liée d'une part à la réflexion épistémologique et d'autre part à une solide pratique analytique.

En essayant de comprendre le ressort profond des révolutions musicales répétées qu'a connues notre civilisation, Antonio Lai construit page après page une vision de l'histoire de la musique d'une rare pertinence. Conscient de la nécessité de forger les outils intellectuels pour l'appréhender comme phénomène global et non comme simple suite d'événements, il arrive à rendre compte des grandes articulations historiques et à montrer qu'elles ont quelque chose en commun dans leur essence. Il convient en effet de saisir le sens profond de ces bouleversements et de prendre conscience de la part essentielle de l'histoire de la pensée qu'ils révèlent.

D'autre part, l'analyse de quelques œuvres particulièrement significatives permet à l'auteur d'aborder l'histoire de la musique pour ainsi dire plus du côté de la musique que du côté de l'histoire. Ce qui l'amène à bousculer certaines idées reçues sur l'évolution des formes musicales.

Il faut souligner l'originalité des méthodologies mises en avant autour d'œuvres de répertoires très différents et tout particulièrement celles du vingtième siècle. On peut se demander, à la lecture de ces études, si la même densité de pensée est encore à l'œuvre dans l'actualité musicale de notre début de vingt et unième siècle qui plébiscite si souvent la facilité et la complaisance. Analyser l'histoire comme une série de crises successives liées à la saturation des possibilités d'expansion au sein d'un système linguistique donné peut conduire à s'interroger fortement sur la nature de la crise actuelle de la création musicale.

Dans l'atmosphère de « fin de l'histoire » que cherchent à faire prévaloir les tenants d'une post-modernité hétéroclite, on pourrait lire l'éclatement même de la notion de paradigme, ou, si l'on préfère, la dilution des -ismes de la modernité dans un individualisme irréductible.

Le livre d'Antonio Lai montre la nécessité d'une réflexion sur les systèmes musicaux qui puisse déborder les obédiences — pour ne pas dire les inféodations — à des systèmes déterminés. Un des enjeux majeurs auquel sera confrontée la musicologie du vingt et unième siècle est de dégager de nouveaux axes d'appréhension des phénomènes musicaux, et, ce faisant, d'ouvrir peut-être de nouvelles perspectives à la création musicale. En ce sens, Antonio Lai est sans doute un des maillons d'une grande tradition occidentale de théoriciens compositeurs qui, en travaillant sur le renouvellement des concepts, ont aussi beaucoup œuvré au renouvellement de nos émotions.

Beaucoup de ceux qui aujourd'hui se laissent aller à une esthétique du renoncement devraient trouver dans cet ouvrage matière à une réflexion plus approfondie sur leur propre situation historique et sur le rôle qu'ils veulent tenir dans le cours de notre civilisation.

INTRODUCTION

« La construction du monde commence
avec une version et finit avec une autre. »
NELSON GOODMAN
Manières de faire des mondes, p. 127

Un des buts principaux de ce livre est de rendre intelligible non seulement les œuvres musicales individuelles mais également les courants auxquelles elles appartiennent. Pour ce faire, cette recherche se propose d'élaborer une hypothèse théorique et une méthodologie d'analyse musicale à partir du modèle des révolutions scientifiques de Thomas Kuhn. Le champ d'investigation est strictement limité à la musique savante occidentale et en particulier au XXe siècle. L'approche méthodologique vise différents objectifs généraux : le jugement esthétique et analytique des œuvres musicales, leur évaluation historique, mais aussi l'étude de la réception de l'œuvre et son retentissement au sein de la communauté musicale, et surtout l'analyse des incidences épistémologiques qui découlent de cette investigation.

L'œuvre la plus importante de Kuhn, *La structure des révolutions scientifiques* (1970), marque le début de la crise de l'épistémologie traditionnelle d'inspiration positiviste. La première parution de ce livre (1962) a provoqué le débat entre différents épistémologues tels que Karl Popper, Imre Lakatos et Paul Feyerabend (cf. Lakatos & Musgrave, 1970).

Le positivisme logique, développé surtout après la seconde guerre mondiale, constitue bien sûr l'arrière-plan de cette discussion philosophique concernant le rôle et les objectifs de la science.

Une des finalités majeures de ma recherche est d'esquisser une théorie unitaire de la musique et une méthodologie d'analyse étroitement liées qui rendent compte de la genèse, de l'évolution et de la crise des langages musicaux — de la naissance de la tonalité jusqu'à la musique d'aujourd'hui, tout en tenant compte de l'évolution du système sériel. Cette approche est fondée sur la définition kuhnienne du progrès.

La notion de progrès scientifique présente deux caractéristiques : le développement de type cumulatif et l'aspect de rupture. Le développement de type cumulatif est un processus cohérent et organique d'homologation et de « sédimentation » des acquisitions scientifiques. L'aspect de rupture porte sur la compréhension de phénomènes extraordinaires par rapport à une orientation unitaire et reconnue de la recherche scientifique. À mon sens, la première caractéristique permet de comprendre comment la tonalité et le sérialisme ont évolué selon une logique d'accroissement cumulatif. La seconde, l'aspect de rupture, justifie les moments historiques de « césure » caractérisés par l'absence d'un langage musical unique et partagé au niveau communautaire.

Cet ouvrage est conçu en deux parties : la première partie théorique et méthodologique et la seconde partie analytique. Le travail de recherche a été caractérisé par la comparaison critique perpétuelle entre la partie théorique et méthodologique et la partie analytique. En effet, la théorie a pu être améliorée grâce aux résultats des analyses et, parallèlement, les analyses ont subi des ajustements et des révisions progressifs à la lumière de l'approfondissement théorique. Ainsi, l'hypothèse théorique n'a jamais représenté un *a priori* dogmatique par rapport à la réalité musicale, bien au contraire sa version définitive est le produit d'une attitude dialectique sensible au contexte empirique.

La démarche qui a permis l'application du modèle épistémologique à la musique a été axée sur trois étapes théoriques. La première est une critique du modèle originel à la lumière du débat philosophique qui avait suivi la première édition de l'œuvre de Kuhn. La deuxième étape consiste en une analyse comparative portant sur analogies et différences entre la théorie scientifique et la modélisation musicale. Enfin, la « reconnaissance » des notions fondamentales de Kuhn dans la philosophie de Ludwig Wittgenstein s'est révélée être une étape très importante. En effet, elle a mis en relief la possibilité de déduire de la théorie scientifique d'origine une théorie de la connaissance solidement fondée. Ainsi, par l'intermédiaire d'une double transition — de la théorie d'histoire des sciences à la modélisation musicale, en passant par la théorie du langage — on a pu formuler dans le premier chapitre une hypothèse de théorie musicale, puis une méthodologie d'analyse, toutes deux organiques et unitaires.

La reconstruction des sources philosophiques de Kuhn, nécessaire à l'étape d'abstraction, a mis en relief l'influence de quelques concepts fondamentaux de la philosophie de Wittgenstein. Au cours de l'argumentation, je me référerai essentiellement aux concepts de la *seconde philosophie* de Wittgenstein. Il se révélera cependant utile de citer et de commenter quelques passages relatifs à sa *première philosophie*. Cette démarche n'entraînera aucune incongruité philosophique car les notions empruntées au *Tractatus logico-philosophicus* (première philosophie) concerneront des thématiques générales qui sont restées valides même pour les *Investigations philosophiques* (seconde philosophie).

En ce qui concerne la validité de ce processus d'abstraction, je suis persuadé que l'association de la philosophie du langage de Wittgenstein avec le modèle des révolutions scientifiques de Kuhn est tout à fait légitime et pertinente du point de vue théorique.

Le positivisme logique et la philosophie analytique

(développée notamment aux Etats-Unis) fournissent les bases de la réflexion et de la critique kuhniennes et représentent deux orientations différentes du même courant philosophique : le néo-empirisme. En particulier, le positivisme logique concerne l'analyse du langage scientifique et prend sa source à la première philosophie de Wittgenstein, tandis que la philosophie analytique fait appel à la seconde et porte essentiellement sur l'étude du langage ordinaire. Le néo-positivisme (ou néo-empirisme), en rapport de continuité avec la philosophie des lumières du XVIIIe siècle et avec le positivisme du XIXe siècle, conçoit la science comme l'activité cognitive par excellence, notamment en ce qui concerne la nature et le fonctionnement du monde. Or, la conception épistémologique de Kuhn diverge radicalement par rapport à cette tradition. En effet, il conçoit la science non pas comme *la vérité* qui reflète la construction et le fonctionnement du monde, mais comme un ensemble de croyances et d'outils (théoriques et techniques) servant à la résolution de problèmes. Ainsi, ses positions philosophiques se rapprochent de la seconde philosophie de Wittgenstein et de la tradition du pragmatisme.

Cette modélisation musicale propose donc une approche syncrétique et constructiviste de la musique. La complexité de la structure théorique est le résultat d'une recherche orientée vers une vision unitaire, mais non réductionniste, de la musique. En effet, le souci de couvrir un espace de variabilité empirique très vaste — de la musique du passé jusqu'à la musique du XXe siècle — représente un des objectifs majeurs de cette étude. Le choix de limiter le domaine de recherche à la musique savante occidentale a été conditionné par l'exigence méthodologique évidente de circonscrire le champ d'analyse. D'ailleurs, conformément à ma position relativiste, je n'ai aucunement l'intention d'élaborer une théorie « moniste » englobant la totalité des phénomènes musicaux. En revanche, je suis persuadé que « réduire un système à un autre peut constituer une contribution authentique à l'effort de comprendre les interrelations entre versions du monde ; mais il est difficile de construire une réduction dans aucun sens raisonnablement précis, elle est presque toujours partielle et rarement — si jamais — unique » (Goodman, 1992 : 13).

En ce qui concerne la méthodologie d'analyse, étroitement liée à la théorie générale, on a pris en compte, au préalable, différentes exigences générales : le rapport avec l'esthétique, l'histoire de la musique, l'interprétation et la critique. En particulier, l'évaluation esthétique des œuvres a eu une importance primordiale. En effet, les analyses techniques — fondées sur une méthodologie rigoureuse — auront comme objectif final le jugement esthétique. Les critères d'évaluation seront décrits dans le dernier paragraphe du premier chapitre.

Je tiens à souligner que les divergences conceptuelles que cette nouvelle méthodologie peut impliquer, notamment par rapport à la tradition analytique classique et romantique d'origine germanique et aux méthodologies sémiologiques plus récentes, ne sont absolument pas symptomatiques d'une volonté hégémonique — ce qui impliquerait un point de vue *absolu* de l'analyse et de l'esthétique musicale — mais révèlent plutôt l'intention de proposer, plus modestement, une autre vision de la discipline, une autre « version du monde ».

Dans le deuxième et dans le troisième chapitre, on se consacrera à l'étude de la genèse, de l'évolution et de la crise du langage tonal et du langage sériel. Ainsi, on montrera comment les catégories théoriques et les dynamiques évolutives énoncées au cours du premier chapitre deviennent opérationnelles dans le cadre de l'analyse stylistique et du développement des langages musicaux.

En ce qui concerne la tonalité, on mettra en relief la difficulté de dater exactement la genèse du langage. De plus, cette étude sera centrée exclusivement sur l'évolution de l'harmonie, paramètre primordial du langage tonal.

Le troisième chapitre portera sur l'analyse approfondie de

la genèse du langage sériel, en relation étroite avec la crise de la tonalité, et sur les aspects essentiels de l'évolution sérielle jusqu'à sa crise.

Dans le cas de l'évolution de la tonalité, comme dans le cas du développement de la sérialité, on mettra en évidence le caractère *cumulatif* des solutions proposées par les compositeurs, c'est-à-dire l'équilibre entre les composantes innovantes et les aspects de continuité des choix compositionnels. En revanche, on remarquera le caractère de *rupture*, caractérisant la fondation du langage sériel, ce qui constitue une véritable *révolution musicale*.

La seconde partie concerne l'application de la méthodologie d'analyse énoncée au cours du premier chapitre. Les études qui seront proposées ont pour fonction d'illustrer concrètement la théorie et la méthodologie. En effet, je pense que toute nouvelle approche musicologique de type théorique exige des démonstrations relevant de l'analyse musicale pour ne pas être reléguée au rang stérile de spéculation abstraite.

La sélection des œuvres analysées a été effectuée sur la base d'un double souci méthodologique : on a cherché à la fois l'amplitude historique et la portée théorique du corpus analytique. En effet, en ce qui concerne les périodes historiques des compositions étudiées, on trouvera, dans l'ordre, une œuvre tonale de Johannes Brahms (le Lied n. 2 de l'op. 6 *Der Frühling*, chapitre IV), une composition atonale d'Arnold Schönberg (*Farben*, la troisième pièce pour orchestre de l'op. 16, chapitre V), une pièce dodécaphonique d'Anton Webern (le premier mouvement de la *Symphonie* op. 21, chapitre VI), et une œuvre des années soixante-dix composée par Karlheinz Stockhausen (*Mantra*, pour deux pianistes, chapitre VII). Le cadre théorique prévoit donc l'étude du modèle de l'œuvre musicale « paradigmatique » en ce qui concerne le quatrième chapitre (langage tonal) et le sixième chapitre (langage sériel), tandis que les études du cinquième chapitre et du septième chapitre porteront sur le modèle des œuvres musicales « extraordinaires ».

Si les études de *Der Frühling*, du premier mouvement de la *Symphonie* op. 21 et de *Mantra* seront abordées exclusivement à partir du texte musical, l'essai concernant *Farben* sera conduit par une autre analyse. Dans les deux typologies, l'argumentation sera systématiquement axée sur le modèle méthodologique énoncé dans le premier chapitre et aura toujours comme objectif final le jugement esthétique des œuvres.

Ainsi, le profil architectural global de la partie analytique sera caractérisé à la fois par l'alternance des deux approches d'étude — l'approche de l'analyse « critique » et l'approche de l'analyse « pure » — et par la continuité historique. Cet aspect permettra de détecter, par le biais d'une procédure comparative, les analogies et les différences entre les résultats des analyses, afin de pouvoir aboutir à des évaluations esthétiques plus complètes.

En conclusion, on fera un bilan des résultats théoriques, méthodologiques et analytiques obtenus au cours de l'étude. De plus, on avancera une analyse critique de la fonction de la musique — et des arts en général — dans le cadre de la théorie de la connaissance, en relation avec le débat philosophique sur la crise de l'épistémologie d'inspiration positiviste.

PARTIE I

THEORIE ET METHODOLOGIE

CHAPITRE I

THEORIE GENERALE ET METHODOLOGIE D'ANALYSE

1. *La notion de dérivabilité*

Dans ce paragraphe, on définira un des concepts fondamentaux de cette approche épistémologique de la musique : la notion de *dérivabilité*. Ainsi, on présentera les catégories de *modèle* et de *dérivation*, éléments essentiels du concept de dérivabilité, et on approfondira les implications de la catégorie de *matrice disciplinaire*, empruntée à Kuhn, dans le domaine musical.

La théorie générale et la méthodologie d'analyse reposent sur la notion de *dérivabilité*. Cette notion, élaborée à partir des notions kuhniennes de *résolution d'énigme* et d'*anomalie*, a pour fonction de mettre au jour les mécanismes de la création musicale.

L'anomalie est à la base du processus de la découverte scientifique et représente *le problème* scientifique par excellence. L'émergence des anomalies dans le champ scientifique ne constitue pas un événement isolé, bien au contraire il s'agit d'« épisodes prolongés dont la structure se reproduit régulièrement » (Kuhn, 1983 : 83). Voici comment

Kuhn décrit la première phase de la découverte scientifique.

> « La découverte commence avec la conscience d'une anomalie, c'est-à-dire l'impression que la nature, d'une manière ou d'une autre, contredit les résultats attendus [...]. Il y a ensuite une exploration, plus ou moins prolongée, du domaine de l'anomalie. Et l'épisode n'est clos que lorsque la théorie [...] est réajustée afin que le phénomène anormal devienne phénomène attendu. L'assimilation d'un nouveau type de faits est donc beaucoup plus qu'un complément qui s'ajouterait simplement à la théorie, et jusqu'à ce que le réajustement qu'elle exige soit achevé [...], le fait nouveau n'est pas tout à fait un fait scientifique » (*Idem.*).

L'anomalie est souvent le résultat d'une incongruité de type expérimental, c'est-à-dire qu'elle s'impose par le biais de la comparaison directe entre théorie et expérience (nature). Ce n'est qu'au moment où l'anomalie est isolée et analysée qu'elle adopte le statut de *question* scientifique, elle devient une *énigme* prête à être résolue selon des outils techniques et théoriques préétablis.

Kuhn se réfère à une expérience de psychologie de la perception dans le cadre de la théorie de la forme (*Gestaltheorie*) pour mettre en relief les difficultés et les résistances souvent liées à la reconnaissance d'une anomalie. Cette expérience, menée à partir de jeux de cartes, montre que les observateurs ont beaucoup de difficultés à reconnaître les anomalies de quelques cartes truquées comme par exemple des cartes de pique rouges et d'autres de cœur mais de couleur noire. Cela signifie que la perception des observateurs est intimement liée au contexte ordinaire, la correspondance des couleurs et des signes des cartes, et qu'il existe une très forte résistance à déceler des incongruités inattendues (*ibid.* : 96-97).

Le terme « énigme » est utilisé par Kuhn dans une acception tout à fait particulière. En effet, l'expression originaire en anglais est « *puzzle* ». Ce terme dénote effectivement un problème dont la solution est connue (l'image à reconstituer) et qui est résolu en respectant des règles (les règles du jeu).

> « Faire un puzzle [...] ce n'est pas simplement *faire un dessin*, comme pourraient le faire un enfant ou un artiste contemporain en éparpillant sur un fond neutre certains morceaux choisis, considérés comme des formes abstraites. Le tableau ainsi produit serait peut-être bien meilleur et certainement plus original que celui à partir duquel le puzzle a été fabriqué, mais il ne représenterait pas la solution du problème. Celle-ci exige que toutes les pièces soient utilisées [...] et qu'elles soient toutes encastrées les unes dans les autres sans laisser aucun intervalle. Telles sont les règles qui régissent la solution des puzzles » (*ibid.* : 64).

Le concept de résolution d'énigme (*puzzle-solving*) constitue le principe fondamental de la découverte scientifique : « mener jusqu'à sa conclusion un problème de recherche [...], c'est trouver une voie neuve pour parvenir à ce que l'on prévoit et cela implique la résolution de toutes sortes d'*énigmes* sur le plan instrumental, conceptuel et mathématique » (*ibid.* : 62)[1].

La reconnaissance de la structure logique du processus de découverte scientifique décrit par Kuhn dans la philosophie du langage de Wittgenstein constitue une étape d'abstraction importante vers la modélisation musicale.

La notion d'énigme dans la philosophie du langage de Wittgenstein, où elle joue un rôle non négligeable, présente une similitude intéressante par rapport à la définition de Kuhn : « une réponse qui ne peut être exprimée suppose une

---

[1] Kuhn, dans son *Comment* sur les relations entre science et art, soutient que les artistes conçoivent des « solutions d'énigme » de type purement instrumental. Plus précisément, il envisage les résolutions d'énigmes comme outils strictement techniques de la peinture (Kuhn, 1969 : 409). Au cours de ce chapitre, on essaiera de montrer comment cette notion kuhnienne entraîne des implications théoriques plus fécondes rapportées au domaine musical.

question qui elle non plus ne peut être exprimée. *L'énigme* n'existe pas. Si une question peut absolument se poser, elle *peut* aussi trouver sa réponse » (Wittgenstein, 1961 : p. 105 prop. 6.5). Dans ce passage, Wittgenstein établit une relation directe entre l'énigme (la question) et sa solution (la réponse).

De plus, dans les *Remarques philosophiques*, il souligne l'interrelation entre la question et la méthode de découverte : « le sens d'une question c'est la méthode pour y répondre. Dis-moi *comment* tu cherches et je te dirai *ce que* tu cherches » (1975 : p. 15 parag. 27). En poussant plus loin ce raisonnement, il arrive à mettre en rapport les stratégies cognitives avec les finalités même de la recherche : « la *façon* dont on cherche exprime d'une manière ou d'une autre ce que l'on attend. L'attente prépare une mesure-étalon à l'aide de laquelle est mesuré l'événement. Si elle n'était pas rattachée à la réalité, on pourrait attendre un non-sens » (*ibid.* : p. 16 paragr. 33. Cf. aussi p. 17 paragr. 43).

Le concept d'anomalie scientifique peut sembler problématique rapporté au domaine musical. En effet, cette notion est indissociablement liée au cadre épistémologique traditionnel (positiviste) impliquant le principe de vérification entre théorie et expérience (théorie et nature). À mon sens, dans le cadre des langages musicaux, la fonction logique des anomalies scientifiques est bien remplie par le phénomène des innovations artistiques. D'une manière théorique, dans le cadre de la genèse de la tonalité, on peut peut-être supposer que la septième de dominante était considérée comme une incongruité, une « anomalie » du langage tonal, avant d'être complètement intégrée en tant que tierce harmonique superposée à l'accord de trois sons. En effet, au moment de la cristallisation et de la « normalisation » de la septième, il existait peut-être beaucoup d'autres phénomènes liés à des formes d'écriture polyphonique plus anciennes qui étaient autant d'« expressions idiomatiques » du langage. C'est-à-dire qu'il s'agissait probablement d'expressions héritées des systèmes musicaux pré-tonals, sans doute incomplètement intégrées dans la tonalité. Ainsi les innovations — version « artistique » des anomalies scientifiques — sont le produit de l'expérimentation et de la recherche dans le cadre exclusif du *desideratum* (de l'invention) et revêtent un rôle déclencheur et propulsif pour la création et pour l'évolution des langages musicaux. De plus, il faut mettre en relief que, comme les innovations artistiques, même les incongruités linguistiques engendrées en quelque sorte par des « accidents » ou des « impuretés » inhérents au processus de création, peuvent contribuer indirectement à l'évolution du langage. D'ailleurs, la distinction entre incongruité accidentelle et innovation explicite dans le domaine des langages musicaux s'avère parfois délicate[2].

Dans la perspective d'une critique de la fonction de la musique dans le cadre de la théorie de la connaissance, il faut souligner que même dans le domaine des sciences exactes le concept d'anomalie expérimentale est problématique. Kuhn met l'accent sur les difficultés ontologiques concernant le rapport de vérification entre les théories et la réalité (théories et expérience sensible) : « Il n'existe, me semble-t-il, aucune possibilité d'expliciter le sens d'une expression comme 'ce qui s'y trouve réellement', en dehors d'une théorie particulière ; la notion d'une adéquation entre l'ontologie d'une théorie et sa contrepartie *réelle* dans la nature me semble par principe une illusion » (Kuhn, 1983 : 279-80). De plus, dans un autre passage de son texte, il souligne explicitement qu'entre les « découvertes ou nouveautés de fait » et les « inventions ou nouveautés de la théorie » existe

---

[2] James Ackerman, lors d'un débat interdisciplinaire portant sur divers aspects de la théorie de Kuhn et les arts, soutient que la notion d'anomalie ne peut pas être appliquée aux domaines artistiques. En fait, son raisonnement reste prisonnier du principe scientifique de vérification, ce qui lui empêche de concevoir les anomalies comme incongruités linguistiques (cf. Ackerman, 1969 : 373).

une distinction « excessivement artificielle » (*ibid.* : 83).

La notion de dérivabilité constitue donc mon interprétation musicologique du processus cognitif qui semble structurer à la fois la théorie épistémologique de Kuhn et les investigations linguistiques de Wittgenstein. Le concept de dérivabilité est fondé sur la relation étroite entre *modèles* et *dérivations* (figure 1).

Le modèle a donc une fonction fondatrice et normative dans la construction de l'œuvre musicale. Il s'agit d'une notion achronique du langage musical qui décrit les potentialités de production et d'articulation des unités du discours musical : les dérivations[3].

Ainsi la notion de dérivabilité, qui symbolise les stratégies de la création musicale, porte sur deux aspects complémentaires : (1) le modèle est l'élément théorique du langage musical qui implique à la fois le moment de génération (l'invention) et son potentiel de reproduction ; (2) les dérivations sont des occurrences spécifiques et individuelles du modèle théorique et représentent les composantes dynamiques du discours musical (exemple 1)[4]. Une composition peut donc prévoir un nombre illimité de modèles.

Cette approche théorique et méthodologique permet non seulement de délimiter les plus petites unités de sens du discours musical, mais également de déceler les connexions entre ces unités. En effet, la notion de modèle implique à la fois la totalité des unités individuelles (les dérivations) et les stratégies de connexion entre ces unités, ce qui constitue un

---

[3] L'unité musicale dénote un événement sonore achevé, c'est-à-dire avec un *début* et une *fin*, donc reconnaissable en tant que tel. Cette définition est axée sur la notion de récurrence : en effet, une unité est reconnaissable seulement par la récurrence dans le temps d'une autre unité similaire (cf. Oppo, 1983).

[4] Le potentiel de reproduction du modèle compositionnel du prélude est en relation étroite avec l'ensemble complexe des modèles harmoniques et stylistiques du langage tonal de Johann Sebastian Bach (cf. *infra* figure 3).

Fig. 1. Modèles et dérivations

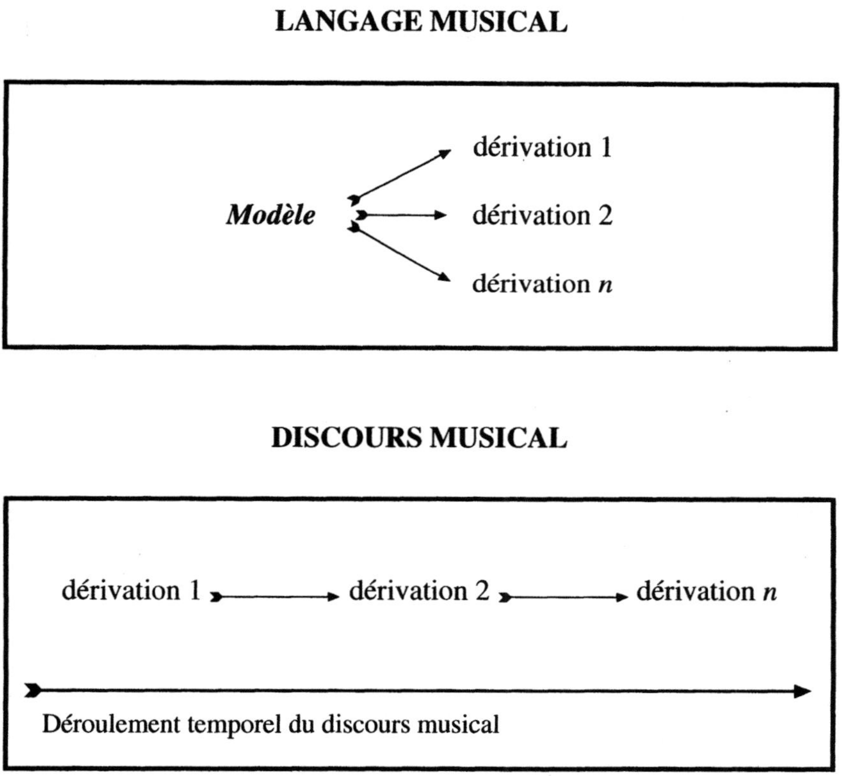

Ex. 1. J. S. BACH, *Le clavier bien tempéré*, vol. 1, *Prélude* n. 1
mesures 1-2

élément incontournable pour une véritable compréhension du fonctionnement du discours musical.

Dans la théorie épistémologique, le processus de la découverte scientifique, symbolisé par les résolutions « énigmatiques » des anomalies, acquiert une acception plus technique dans la définition kuhnienne de la *matrice disciplinaire*. Le concept de matrice disciplinaire présente une double implication : le terme « matrice » dénote un ensemble composé d'éléments ordonnés et de diverses origines ; le mot « disciplinaire » se rapporte au caractère communautaire, c'est-à-dire qu'il indique « la possession commune de la part des spécialistes d'une discipline particulière » (Kuhn, 1983 : 248).

La notion de matrice disciplinaire et la définition de ses composantes constitutives s'avèrent particulièrement fructueuses pour mon approche théorique et méthodologique. Dans la théorie scientifique de Kuhn, les éléments de la matrice disciplinaire sont (1) les *généralisations symboliques*, (2) les *modèles heuristiques* et (3) les *valeurs*. Les généralisations symboliques désignent des « expressions employées sans questions ou dissensions par les membres du groupe, et qui peuvent facilement revêtir une forme logique [...], une forme symbolique [...], une forme verbale » (*ibid.* : 248-49). Les modèles heuristiques ont la fonction d'instruire les membres de la communauté scientifique à propos des méthodes désignées pour la recherche. Enfin, « les valeurs sont en général plus largement partagées par les différents groupes que les généralisations symboliques ou les modèles », c'est pourquoi elles diffèrent dans leurs applications selon la spécialisation du groupe (*ibid.* : 250-51). Selon mon interprétation, dans le cadre du raisonnement théorique de Kuhn, les généralisations symboliques — les formules en mathématique ou en logique — correspondent d'un point de vue conceptuel à l'élément fixe du jeu, c'est-à-dire au sujet du puzzle (le dessin) ; tandis que les modèles heuristiques et les valeurs correspondent aux règles du jeu.

Le parcours qui m'a conduit à l'élaboration du concept de *matrice disciplinaire musicale* implique, bien sûr, son adaptation au domaine artistique et privilégie le point de vue du compositeur par rapport au point de vue d'une communauté scientifique active dans un domaine beaucoup plus vaste. Ainsi, la matrice disciplinaire d'une œuvre musicale représente l'ensemble (la classe) des modèles compositionnels qui orientent sa construction et son déploiement. La *structure symbolique temporelle* et *l'heuristique* sont donc les éléments constitutifs du modèle.

1. La *structure symbolique temporelle* a la fonction de décrire les potentialités d'articulation temporelle des unités musicales. Il s'agit de l'assise temporelle qui reste stable et reconnaissable dans les différentes dérivations (occurrences spécifiques et individuelles de la re-présentation du modèle). La flexibilité de cette définition nous permet de comprendre, d'une manière unitaire et cohérente, la multiplicité et la complexité des procédures compositionnelles de manipulation métro-rythmique qui affectent les dérivations (augmentation et diminution, variation, articulations rythmiques, etc.).

2. *L'heuristique musicale* représente la composante normative du modèle qui a pour fonction d'instruire toutes les phases constructives de l'œuvre, à savoir la génération des modèles et les processus de dérivation et de connexion entre les unités d'articulation du discours musical. En règle générale, l'heuristique constitue une catégorie constructive de plus ample envergure par rapport à celle de la structure symbolique temporelle (figure 2). En effet, les principes normatifs qui constituent la catégorie heuristique peuvent affecter des modèles différents à des niveaux différents d'articulation. La réduction de l'heuristique au nombre de deux catégories, les règles et les normes, a pour objectif de mettre en relief, d'une manière conventionnelle, des degrés de rationalisation très différents : (a) les règles proprement

Fig. 2. Heuristique musicale

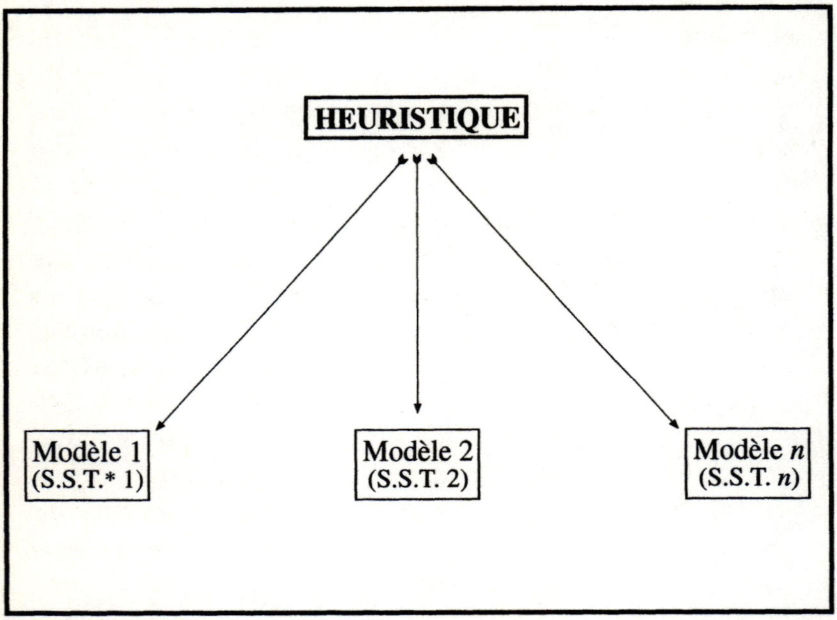

* *Structure symbolique temporelle*

dites représentent les parties heuristiques entièrement rationalisées ; (b) les normes dénotent les secteurs de l'heuristique non entièrement rationalisés ainsi que les éléments de l'heuristique non rationalisés.

Pour essayer de comprendre d'une façon plus approfondie la nature et la spécificité de l'heuristique musicale, notamment par rapport à la problématique des degrés de rationalité des règles, on fait appel aux concepts de la *ressemblance de famille* et de *jeu linguistique* de Wittgenstein. L'idée de jeu linguistique dénote la théorie de la signification comme usage, c'est-à-dire que la signification dépend du rôle du mot dans son contexte linguistique spécifique. Le concept de ressemblance de famille met en relief une caractéristique essentielle des langages strictement liée à la catégorie de la signification comme usage, à savoir la variété des règles et l'importance de l'interaction entre règles et normes ayant des degrés de rationalisation très différents (cf. Wittgenstein, 1961 : p. 135 paragr. 43, p. 142 paragr. 54, p. 147 paragr. 65 et p. 148 paragr. 67). Pour rendre comte de la complexité inhérente aux langages, Wittgenstein propose l'exemple des règles dans la pratique des jeux où l'on peut trouver différents types de règles ayant plusieurs fonctions. Une règle peut être un outil pour l'apprentissage du jeu, une instruction de jeu, elle peut être aussi le résultat de l'observation du jeu ou encore un discriminant entre une faute et une action de jeu correcte (*ibid.* : p. 142 paragr. 54). Ces catégories de règle sont de différents types et ont aussi des degrés de rationalisation divers. Si on pense par exemple au tennis, il n'y a pas une règle explicite « qui prescrive jusqu'à quelle hauteur il est permis de lancer la balle, ni avec combien de force ; et pourtant le tennis est un jeu qui a [...] ses règles » (*ibid.* : p. 149 paragr. 68).

Appliquées plus directement au domaine de la musique, ces observations rendent compte des difficultés rencontrées lors des tentatives de reproduction par ordinateur des musiques du répertoire baroque, classique ou romantique. En effet, quoique bien programmés, les ordinateurs n'arrivent jamais à reproduire une musique au même niveau de perfection formelle et stylistique que celles des modèles choisis. Ceci peut s'expliquer de la façon suivante : les ordinateurs, bien qu'ayant intégré les règles les plus explicites de gestion du langage et du style (règles d'écriture harmonique, instrumentale, formelle, etc.), n'intègrent pas dans leur production des éléments normatifs d'ordre plus « qualitatif ».

La notion kuhnienne de valeurs, qui ne figure pas formellement parmi les composantes de l'heuristique musicale, peut être assimilée à des normes non entièrement rationalisées. La notion de valeurs dans la théorie originaire, notamment par rapport à leur rôle particulier au cours des révolutions scientifiques et en relation avec les catégories de l'intuition et des connaissances tacites, a été l'une des principales cibles des critiques adressées à Kuhn l'accusant de subjectivisme et d'irrationalisme (Cf. Kuhn, 1983 : 253, Kuhn 1970, Lakatos 1970 et Popper 1970). À mon sens, et en partie implicitement selon le point de vue de Kuhn, ces critiques ont eu comme fondement une divergence d'interprétation concernant la catégorie de l'irrationnel et celle du non-rationnel (cf. Kuhn, 1983 : 239). Tout en étant conscient de la complexité de cette problématique dans le domaine épistémologique, on voudrait l'examiner désormais exclusivement du point de vue linguistique, en particulier dans la perspective des langages musicaux, ce qui exclut le questionnement concernant les rapports entre connaissance et réalité.

La catégorie de l'irrationnel est liée au rapport entre la notion de sens et celle de non-sens : elle correspond au non-sens. Wittgenstein éclaircit la différence entre le sens et le non-sens sur la base de l'appartenance d'un mot à un jeu linguistique approprié (cf. Wittgenstein, 1961 : p. 166 paragr. 116). Ainsi, on peut dire que le non-sens, l'irrationnel, émerge dans l'utilisation impropre d'un mot dans un jeu linguistique non conforme. Mais le sens et la signification d'un mot dépendent directement de son usage dans le langage, ce qui implique — comme on l'a vu — des degrés différents de rationalisation des règles. Or, ce n'est que sur cette base théorique que l'éventuelle confusion entre la catégorie de l'irrationnel et celle du non-rationnel peut être résolue. En effet, les valeurs constituent une classe normative pas tout à fait rationalisée, pourtant susceptible d'être incluse dans un cadre logique et linguistique pourvu de sens en raison de la capacité de la notion de ressemblance de famille de comprendre et d'expliquer des degrés de rationalisation les plus divergents. Autrement dit, la notion de sens qui émerge des investigations de Wittgenstein permet d'englober avec les règles explicites non seulement les normes non entièrement rationalisées, mais aussi des conventions non rationalisées qui ont néanmoins leur rôle dans les stratégies de la création musicale.

2. *Genèse, évolution et crise des langages musicaux*

À présent, il faut mettre en perspective le caractère opérationnel de la notion de dérivabilité par rapport à la dimension historique de l'évolution des langages musicaux. Pour ce faire, l'esquisse d'une définition de *paradigme musical* s'avère indispensable. Ainsi, on évoquera d'une manière critique la notion kuhnienne de paradigme scientifique et l'on essayera de déceler son origine dans la philosophie du langage de Wittgenstein, ce qui permettra d'avancer une hypothèse de paradigme musical. Ensuite, on pourra finalement se consacrer à la description de la dynamique évolutive des langages musicaux dans un cadre de type paradigmatique. Cela nous conduira à débattre de la problématique concernant la crise des langages et l'ouverture vers de nouvelles orientations théoriques.

Kuhn reconnaît que la définition de paradigme est « le

point le plus obscur et le plus important » de sa théorie (Kuhn, 1983 : 247). D'une manière très générale, la notion de paradigme implique à la fois les processus de découverte scientifique et l'environnement social, culturel et technique de la recherche. Le concept de paradigme est lié à l'idée de science normale : « le terme *science normale* désigne la recherche solidement fondée sur un ou plusieurs accomplissements scientifiques passés, accomplissements que tel groupe scientifique considère comme suffisants pour fournir le point de départ d'autres travaux » (*ibid.* : 29). L'idée de la recherche scientifique comme une entreprise fortement cumulative est une caractéristique fondamentale de la science normale. C'est pourquoi la science normale correspond à l'image courante que l'on se fait de la recherche scientifique, à savoir l'image de la science comme « une construction placée par l'esprit directement sur les données brutes fournies par les sens » (*ibid.* : 138). De plus, le passé est perçu uniquement dans une perspective de continuité par rapport aux travaux présents, ce qui constitue une falsification historique (cf. Kuhn, 1969 : 407). Les processus de perfectionnement d'un paradigme sont orientés vers l'extension en portée et en précision de la connaissance scientifique. Par conséquent, l'acquisition stable d'un paradigme est un symptôme de maturité dans le développement de la science.

Tout au long de son texte, Kuhn oscille entre l'acception sociologique du terme et une définition plus philosophique de paradigme conçu comme exemple.

> « Le terme *paradigme* est utilisé dans deux sens différents. D'une part, il représente tout l'ensemble de croyances, de valeurs reconnues et de techniques qui sont communes aux membres d'un groupe donné. D'autre part, il dénote un élément isolé de cet ensemble : les solutions concrètes d'énigmes qui, employées comme modèles ou exemples, peuvent remplacer les règles explicites en tant que bases de solutions pour les énigmes qui subsistent dans la science normale »

(Kuhn, 1983 : 238).

Kuhn admet avoir utilisé le terme « paradigme » dans de multiples acceptions différentes (*ibid.* : 247). À mon sens, les ambiguïtés qui ont occasionné les critiques de ce concept sont fondamentalement de deux types : premièrement, elles portent sur la définition même ; deuxièmement, elles concernent son utilisation dans le cadre de la théorie originaire. L'oscillation entre l'acception philosophique et le sens sociologique du terme fait partie du premier type d'ambiguïté. De plus, l'emploi parfois peu contrôlé d'expressions comme « paradigmes », « parties de paradigmes » ou « paradigmatiques » — des « inconsistances de style » selon Kuhn — n'a peut-être pas contribué à la définition rigoureuse de cette idée (cf. *ibid.* : 247-48). En ce qui concerne l'utilisation du concept en relation avec d'autres notions de la théorie, il faut souligner en particulier deux imprécisions substantielles assez récurrentes : d'abord, l'interchangeabilité des termes « paradigme » et « théorie », indistinctement par rapport à la science normale et à la science extraordinaire ; de plus, l'oscillation entre l'unicité et la pluralité des paradigmes dans le cadre de la science normale. Si la première ambiguïté est éclaircie dans la *Postface* à *La structure des révolutions scientifiques*, la seconde reste irrésolue (*ibid.* : 248). Dans l'application au domaine musical, la notion de paradigme sera liée systématiquement et sans ambiguïté au cadre de développement « normal » des langages musicaux, tandis que l'idée de théorie — qui dénote une structure beaucoup plus limitée — sera associée aux systèmes linguistiques des phases historiques « extraordinaires » (cf. *infra*). Ainsi, quand on parlera de langages musicaux en évolution cumulative, on fera référence implicitement à un seul paradigme unitaire pour chaque langage musical (comme, par exemple, le langage tonal). En revanche, on dénotera par l'expression « système linguistique » exclusivement les processus concernant la phase extraordinaire.

Dans la *Postface*, Kuhn parvient à une synthèse : ainsi, la première et la plus importante définition de paradigme porte sur l'idée de *matrice disciplinaire* ; la seconde repose sur le concept de paradigme considéré comme *des exemples communs* (cf. *ibid.* : 248 et 254). Il me semble que cette définition de paradigme se trouve déjà esquissée, dans toutes ses caractéristiques générales, dans la seconde philosophie de Wittgenstein, en particulier dans l'idée de jeu linguistique.

> « Mais combien de sortes de phrases existe-t-il ? L'affirmation, l'interrogation, le commandement peut-être ? Il en est d'innombrables sortes ; il est d'innombrables et diverses sortes d'utilisation de tout ce que nous nommons « signes », « mots », « phrases ». Et cette diversité, cette multiplicité n'est rien de stable, ni de donné une fois pour toutes ; mais de nouveaux types de langage, de nouveaux jeux de langage naissent, pourrions-nous dire, tandis que d'autres vieillissent et tombent en oubli. (Nous trouverions une *image approximative* de ceci dans les changements des mathématiques.)
>
> Le mot « *jeu* de langage » doit faire ressortir ici que le parler du langage fait partie d'une activité ou d'une forme de vie » (Wittgenstein, 1961 : p. 125 paragr. 23).

La capacité à comprendre et à articuler ensemble un tel complexe normatif qui se réfère à des degrés de rationalisation si différents est une caractéristique propre aux langages et aux paradigmes scientifiques. Comme on l'a vu précédemment, l'idée de jeu linguistique est conçue pour englober d'une manière unitaire et cohérente la disparité et l'hétérogénéité des règles du langage. Ce passage des *Investigations* montre que la définition de la signification comme usage implique un groupe d'individus, une communauté, ce qui émerge d'une manière évidente notamment quand Wittgenstein parle d'« activité » et de « forme de vie » (cf. aussi *ibid.* : 359).

Dans le domaine musical, comme dans le champ

scientifique, l'idée de paradigme porte à la fois sur les stratégies de la création et sur la composante communautaire, ce qui implique un langage reconnu et partagé au niveau communautaire. Plus précisément, mon idée de paradigme musical comprend (1) la catégorie de matrice disciplinaire, (2) les processus de dérivabilité et (3) la composante communautaire[5]. La communauté musicale, comme toutes les communautés artistiques, comprend aussi un public de spectateurs (auditeurs), ce qui représente une des différences majeures par rapport à la communauté scientifique. Dans le champ musical, les individus menant la recherche dans le cadre paradigmatique constituent un *réseau communautaire*. Ce terme, à la différence de celui plus générique de « communauté » employé par Kuhn, peut impliquer aussi un nombre très limité d'individus. De plus, dans un contexte où une multiplicité de réseaux coexistent, il permet de remarquer et de décrire les relations et éventuellement les interactions entre groupes. Cette idée se révèle particulièrement adaptable et fructueuse dans l'étude des courants musicaux du XXe siècle. Dans l'analyse de la *Symphonie* op. 21 (n. 1) d'Anton Webern, par exemple, je ferai des réflexions comparatives concernant deux réseaux communautaires différents : le réseau de l'époque du compositeur et celui de la génération « postwebernienne » (chapitre VI).

Comme dans le cadre de l'œuvre musicale, de manière théorique, il est possible de définir des modèles concernant le style d'un compositeur, le style d'une époque historique et des modèles portant sur la classe la plus générale : le langage[6]. Sur le plan de l'analyse et de l'évaluation esthétique

---

[5] « Un paradigme est ce que les membres d'une communauté scientifique possèdent en commun, *et*, réciproquement, une communauté scientifique se compose d'hommes qui se réfèrent au même paradigme » (Kuhn, 1983 : 240).

[6] On peut supposer une stratification ultérieure si on considère la matrice disciplinaire de style d'une période du compositeur incluse dans la matrice disciplinaire de style du compositeur et si on considère différentes classifications de style internes aux époques historiques.

des œuvres, les modèles décrivant le style d'un compositeur, le style d'une époque et les modèles du langage sont de nature différente de celle des modèles des œuvres. En effet, ceux-ci décrivent des aspects qui concernent directement le langage musical. En revanche, les modèles des autres niveaux descriptifs font appel à des critères d'abstraction différents car la description du style d'un compositeur, par exemple, se fonde nécessairement sur une étape préliminaire concernant l'analyse des œuvres musicales. La question du style est donc très délicate. Cette approche analytique de la musique ne nous permet de donner une valeur assertive qu'aux déductions portant sur l'œuvre individuelle. En revanche, en ce qui concerne toute déduction d'ordre du style, il faut forcément limiter la portée des jugements à une valeur de supposition. En effet, un essai d'analyse du style ne serait pertinent que dans le cas d'une étude complète et systématique des œuvres concernées, ce qui implique l'analyse d'un nombre important de compositions suivie d'une sélection complexe des cas prégnants pour aboutir éventuellement à une analyse statistique des caractères préalablement sélectionnés. Tout cela, bien évidemment, impliquerait probablement des opérations complexes concernant le choix et la coordination de différentes méthodologies. Sans recourir à ce dispositif, je crains que le jugement stylistique ainsi pratiqué ne soit réductible qu'à une pure conjecture.

La matrice disciplinaire de l'œuvre (la classe des modèles compositionnels) est en relation avec les matrices disciplinaires des différents niveaux du langage. Les matrices sont ordonnées selon un principe d'inclusion hiérarchisé (figure 3)[7].

[7] D'une manière théorique, dans la matrice disciplinaire du langage il y a autant de matrices de style d'une époque que d'époques historiques du langage ; dans chaque matrice d'époque sont incluses autant de matrices disciplinaires de style de compositeur que les compositeurs de cette

Fig. 3. Matrices disciplinaires du langage musical

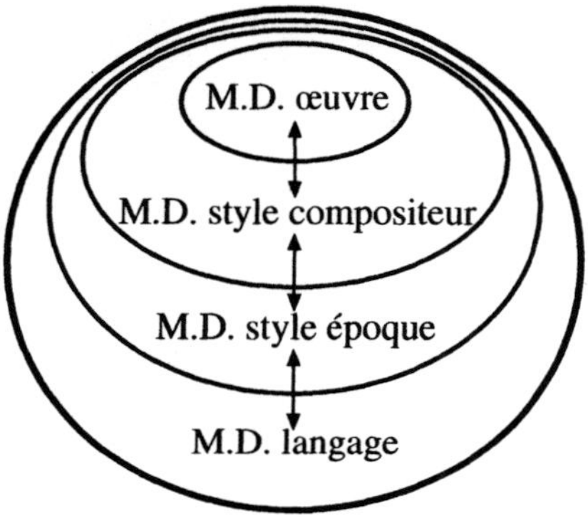

Fig. 4. Cycle évolutif du langage musical

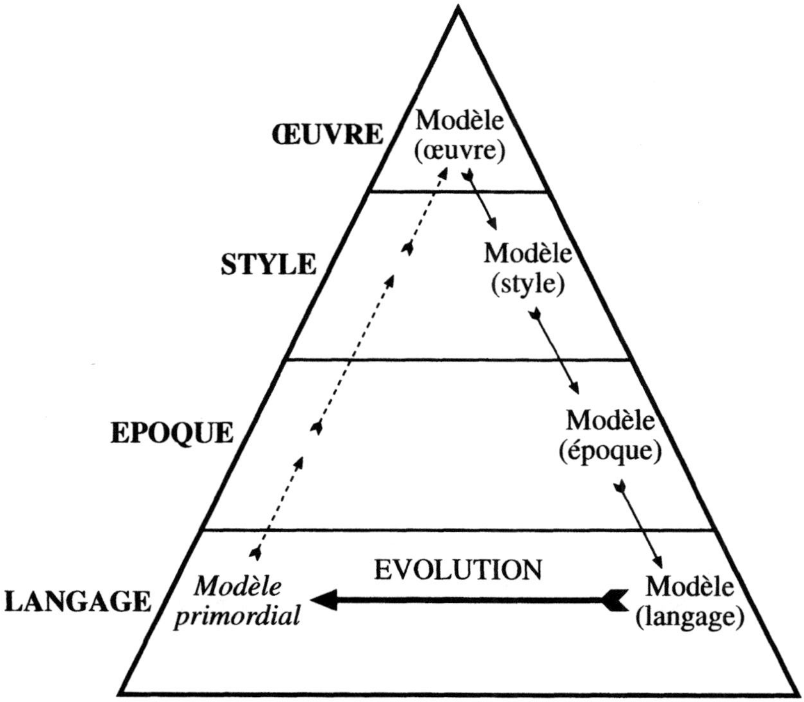

La matrice disciplinaire de l'œuvre est définie conventionnellement comme *classe nucléaire* du langage, les matrices disciplinaires de style (période d'un compositeur, compositeur, période d'une époque, etc.) comme *classes intermédiaires* et la matrice disciplinaire la plus générale, celle qui inclut toutes les autres, comme *classe du langage*[8]. Le vecteur *esthésique* (flèches descendantes) implique le jugement communautaire qui, dans son interaction avec les propositions du compositeur, se révèle primordial pour le développement et pour l'évolution du langage (cf. *infra*). Le vecteur *poïétique* (flèches ascendantes) indique la direction d'instruction des stratégies créatives : à partir des modèles primordiaux du langage on remonte en passant par les classes intermédiaires pour aboutir à des élaborations conséquentes et cohérentes au niveau de l'œuvre individuelle[9]. Ainsi, inversement, les modèles spécifiques d'une œuvre sont cohérents avec la matrice disciplinaire de style d'un compositeur et avec l'ensemble des autres classes jusqu'à la matrice disciplinaire du langage.

Sur la base de cette définition paradigmatique du langage musical, on peut finalement se consacrer à l'étude de la notion de dérivabilité par rapport à la dimension historique des langages musicaux.

Les stratégies de la création musicale, symbolisées par la notion de dérivabilité, ont la fonction prioritaire d'édifier l'œuvre et l'œuvre ne doit pas nécessairement produire des

---

époque ; enfin, chaque matrice de style de compositeur inclut autant de matrices d'œuvre que d'œuvres du compositeur.

[8] Kuhn dans son texte (1983) ne fait pas allusion à la hiérarchie des classes. Dans son *Comment*, à propos des relations entre science et art, il critique le parallèle établi par Ackerman entre la notion de paradigme et celle de style au sujet de la peinture. En revanche, il admet un parallèle possible entre le concept de paradigme et l'objet esthétique, le tableau, ce qui me semble excessivement limitatif (cf. Kuhn, 1969 : 412 et Ackerman, 1969 : 372-73).

[9] Les dimensions poïétique et esthésique sont empruntées à Jean-Jacques Nattiez (1987 : 34).

innovations stylistiques. En effet, à mon sens, elle peut être esthétiquement valable même sans présenter aucune innovation stylistique particulière. Comme on le verra dans le dernier paragraphe de ce chapitre, l'évaluation esthétique est fondée en premier lieu sur les caractéristiques des modèles et des dérivations proposés, sur leurs interrelations, sur la forme, sur la cohérence de l'œuvre par rapport au style du compositeur et sur son rôle contextuel dans le cadre théorique général (stades évolutifs du langage, crise, phase extraordinaire, révolution et genèse). Cependant, on constate l'émergence d'innovations stylistiques importantes à des moments particuliers de l'histoire de la musique. Essayons donc de découvrir comment, dans un cadre paradigmatique, une innovation dans une œuvre musicale serait susceptible d'affecter le style du compositeur ou d'une époque historique, ou même l'évolution globale du langage (figure 4).

Imaginons d'une manière tout à fait hypothétique l'émergence d'une innovation harmonique importante de la tonalité, comme par exemple l'accord dit de *sixte napolitaine* (cf. chapitre II). L'origine du processus poïétique se situe à la base de l'architecture pyramidale, c'est-à-dire au niveau du langage tonal. En effet, le modèle primordial — la fonction de sous-dominante — constitue, bien sûr, la source harmonique originaire de l'accord de sixte napolitaine. Le parcours poïétique à travers les niveaux du style de l'époque et du style du compositeur symbolise la conscience, de la part du compositeur, du degré de complexité atteint par le langage. La conscience de la complexité du langage implique à la fois des connaissances historiques et un savoir-faire plus technique. La première manifestation concrète de l'innovation harmonique se situe au niveau de l'œuvre. En effet, on peut raisonnablement postuler que l'accord « inédit » (la sixte napolitaine) est apparu pour la première fois en tant qu'élément harmonique spécifique dans une composition individuelle bien précise. À ce stade, le compositeur est libre d'étendre et d'appliquer le même principe harmonique innovant à d'autres œuvres (niveau du style du compositeur). Ce n'est donc qu'à partir de ce moment-là que le consensus communautaire est susceptible d'avoir une influence sur le processus de développement du langage. L'ensemble des innovations du même genre (harmonie de sixte napolitaine) proposées dans une multiplicité de styles différents (par des compositeurs différents) est en mesure de caractériser la constitution d'un nouveau modèle harmonique relatif au niveau de l'époque historique. Dans cette phase, le consensus du réseau communautaire devient essentiel, car à partir de ce niveau de développement, on ne peut admettre le statut de l'innovation que par le consensus obligé des membres du réseau communautaire. Enfin, sur la base du même principe, l'invention de l'accord de sixte napolitaine peut être jugée primordiale pour l'évolution du langage tonal. Ce n'est donc qu'au niveau du langage (la base de la pyramide) qu'on constate l'évolution du langage tonal : en effet, la sixte napolitaine constitue en quelque sorte un approfondissement et une extension ultérieure de la fonction harmonique primordiale de sous-dominante.

La cristallisation et la complète acquisition des innovations sont le résultat d'un processus dans le temps impliquant un réseau complexe de relations entre les différents « acteurs » du réseau communautaire (critiques, musicologues, interprètes, théoriciens et auditeurs). La reconnaissance d'une invention musicale, comme la reconnaissance d'une découverte scientifique, « implique un processus d'assimilation conceptuelle étendu dans le temps », c'est-à-dire qu'« il est presque toujours impossible de préciser le moment » de l'invention « et bien souvent aussi son auteur » (Kuhn, 1983 : 86-87).

Ainsi, ces processus évolutifs complexes mettent en relief tout d'abord la double orientation concernant les relations entre classes hiérarchiques : d'un côté, les modèles primordiaux du langage instruisent les modèles individuels des œuvres, en passant par tous les niveaux hiérarchiques intermédiaires. D'un autre coté, en remontant du cas particulier au cas général — cette fois-ci par le biais nécessaire du consensus communautaire — la redondance d'une innovation prégnante est en mesure d'influer sur l'évolution du langage. À présent, on peux finalement remarquer les potentialités de la notion de dérivabilité non seulement dans l'analyse des micro-phénomènes, c'est-à-dire les unités structurelles des œuvres individuelles, mais également en ce qui concerne les macro-phénomènes historiques qui déterminent l'évolution des langages musicaux.

Dans le premier paragraphe, on a défini la notion de dérivabilité à partir des notions épistémologiques de résolution d'énigme et d'anomalie et on a spécifié notamment l'usage du concept d'anomalie dans le domaine musical en tant qu'incongruité linguistique propulsive pour l'évolution des langages musicaux. En particulier, on a insisté sur le fait que toutes les incongruités musicales paraissent comme le produit du *desideratum*, de l'invention créative. À ce stade de l'argumentation, il est désormais évident que la récurrence d'incongruités linguistiques est implicite à ma conception de l'évolution des langages musicaux. Dans l'argumentation qui suit, on verra que les incongruités linguistiques qui émergent des processus évolutifs et qui semblent inexplicables sur le plan théorique, sont en mesure de précipiter la crise du langage musical[10].

Au cours du premier paragraphe, on s'est attardé sur l'étude des composantes heuristiques qui instruisent les processus de dérivabilité. On a ainsi défini les règles

---

[10] Kuhn, avec Ackerman, soutient que dans l'évolution des arts, à la différence des sciences, on ne trouve pas des données évidentes en mesure de proclamer la crise d'un paradigme (cf. Kuhn, 1969 : 411 et Ackerman, 1969 : 373). Dans les passages qui suit, on essaiera de démentir cette assertion en ce qui concerne la musique.

explicites comme les éléments les plus rationalisés des langages musicaux. En revanche, les normes ont été décrites conventionnellement comme des expressions rationnelles plus « périphériques », c'est-à-dire qu'elles formalisent des secteurs opérationnels moins importants par rapport à la structure fondamentale du langage. Or, les incongruités de crise qui ne trouvent pas de résolutions dans le cadre du « noyau » rationnel du langage, induisent les chercheurs, les compositeurs, à l'articulation de secteurs plus périphériques, mais cela seulement après avoir recherché sans succès des solutions dans les domaines heuristiques les plus rationalisés. En règle générale, le fait de s'appuyer sur des secteurs normatifs excessivement décentrés du langage empêche une résolution efficace et fonctionnelle des incongruités. Par conséquent, l'anomalie devient un contre-exemple pour le langage : ses modèles primordiaux sont infirmés et de nouvelles théories font leur apparition. La crise est donc étroitement liée à la structure des modèles primordiaux du langage et à leurs potentialités de développement[11]. Les processus évolutifs décrits ont pour but l'exploitation des modèles primordiaux de base, par conséquent la crise peut être décrite comme achèvement (ou saturation) des potentialités de la matrice disciplinaire du langage.

Dans le paragraphe suivant, on verra de quelle manière la communauté musicale réagit à la crise et on se consacrera à l'étude des révolutions musicales, à savoir le moment de transition d'un état de crise — la phase historique extraordinaire — à la fondation d'un nouveau langage musical.

---

[11] La transformation conceptuelle d'une incongruité en contre-exemple est mise en évidence par la figure 4 (cf. *supra*). En effet, c'est n'est qu'à la fin du cycle évolutif qu'émergent les contradictions structurelles entre le modèle innovant et son modèle d'origine. En ce qui concerne l'analyse historique de ces processus, cf. la crise du langage tonal (chapitre II) et la crise du langage sériel (chapitre III).

3. *Phase extraordinaire et révolutions musicales*

La phase extraordinaire, dans les sciences comme dans le domaine musical, est caractérisée par la coexistence d'une multiplicité de théories. Dans les sciences, « l'émergence de nouvelles théories est généralement précédée par une période de grande insécurité pour les scientifiques » car l'ancien paradigme en crise est abandonné (Kuhn, 1983 : 102)[12]. Il est typique, par exemple, de voir apparaître d'anciennes théories pré-paradigmatiques déjà précédemment écartées. Dans ce contexte, la technologie joue souvent un rôle vital car elle représente le seul outil pour l'observation des faits (Kuhn, 1983 : 36 et 127). En effet, si pendant la période de science normale les scientifiques ne discutent pas les règles fondamentales du paradigme, dès lors même les stéréotypes les plus stables de la discipline sont mis en question.

Dans le domaine musical, l'émergence de nouvelles théories après la crise est caractérisée par une grande insécurité liée au danger de l'incommunicabilité. Comme dans les sciences, le recours à des paradigmes extra-musicaux caractérisés par des processus de développement cumulatif est typique. En particulier, ces paradigmes sont généralement de nature technologique ou scientifique (cf. chapitre VII).

Les révolutions scientifiques sont « des épisodes non cumulatifs de développement, dans lesquels un paradigme plus ancien est remplacé [...] par un nouveau paradigme incompatible » (Kuhn, 1983 : 133). Ces processus sont à la fois destructeurs et constructeurs. En effet, ils sont loin d'être des processus de type cumulatif, car au cours des révolutions scientifiques se vérifie la modification radicale des généralisations théoriques les plus élémentaires (*ibid.* :

---

[12] La préface du *De Revolutionibus Orbium Caelestium* (1543) de Copernic fournit la description typique d'un état de crise (Kuhn, 1973 : 183-195).

124)[13]. Les révolutions musicales présentent des caractéristiques tout à fait semblables à celles du domaine scientifique. Mais, si dans les sciences « rejeter un paradigme sans lui en substituer simultanément un autre, c'est rejeter la science elle-même » (*ibid.* : 117), dans l'histoire de la musique il se trouve des périodes où le déclin d'un langage n'est pas forcément suivi par l'acquisition d'un autre. Cela en raison du fait que les paradigmes scientifiques, à la différence des langages musicaux, ne constituent pas seulement des outils théoriques pour les chercheurs mais souvent une vision du monde valable pour des communautés sociales beaucoup plus vastes. Pour cette raison, dans la littérature scientifique, notamment les manuels et les ouvrages de vulgarisation, on constate souvent un processus de révisionnisme historique. C'est-à-dire que les paradigmes du passé sont décrits comme des contributions à la science contemporaine afin que son développement paraisse exclusivement cumulatif (cf. *ibid.* : 190-92 et 194). En fait, concevoir le rapport entre deux paradigmes successifs n'est pas plausible : « la tradition de science normale qui se fait jour durant une révolution scientifique n'est pas seulement incompatible avec ce qui a précédé mais souvent aussi incommensurable » (*ibid.* : 148). En revanche, l'analyse historique de la musique n'est pas affectée par cette forme de révisionnisme car les langages musicaux sont par principe un produit artistique de l'invention, par conséquent ils ne demandent pas à être confrontés avec l'expérience (la nature).

En ce qui concerne le rapport entre anomalie de crise et fondation d'un nouveau paradigme, dans le champ scientifique l'attitude des chercheurs envers l'anomalie de crise est intéressante. Si, au cours de la dernière période évolutive, ils essaient de normaliser l'anomalie par les catégories rationnelles paradigmatiques, après la crise, ils ont une attitude opposée : ils essaient de l'amplifier et de la

---

[13] Les révolutions scientifiques étudiées par Kuhn sont celles associées aux noms de Copernic, Newton, Darwin et Einstein (Kuhn, 1983 : 246).

systématiser (*ibid.* 127). De plus, « la forme du nouveau paradigme est parfois annoncée par la structure que cette recherche extraordinaire a donnée à l'anomalie » (*ibid.* : 130). Dans ce cas, on pourrait dire que l'anomalie de crise n'est plus perçue comme une contradiction mais, au contraire, elle apparaît comme une tautologie, c'est-à-dire comme quelque chose qu'on n'aurait pu concevoir différemment (*ibid.* : 115).

Kuhn, à propos du rapport entre crise et fondation d'un nouveau paradigme, fait appel aux catégories de la traduction, de la persuasion, du consensus et de la conversion. En effet, si dans le cadre de la science normale — comme en logique ou en mathématique — la discussion est fondée sur l'accord préalable au sujet des prémisses, dans la science extraordinaire, « les discussions sur le choix d'une théorie ne peuvent pas prendre la forme d'une preuve logique ou mathématique ». En effet, il s'agit plutôt d'un « débat sur les prémisses et il y a recours à la persuasion comme prélude à la possibilité d'une preuve » (*ibid.* : 270). Ainsi, les chercheurs qui n'arrivent pas à se comprendre sur des bases logiques, doivent faire un effort de traduction en se considérant comme des « membres de groupes linguistiques différents » (*ibid.* : 274). Dans cette orientation du raisonnement, Kuhn parvient même à associer les révolutions scientifiques aux révolutions politiques, ce qui lui a valu les critiques de subjectivisme et d'irrationalisme (*ibid.* : 134-35).

Dans la seconde philosophie de Wittgenstein, l'idée de la vie et de la mort des jeux linguistiques peut être rapprochée des concepts de crise et de révolutions scientifiques, en particulier quand il fait référence aux « changements des mathématiques » à propos de la « multiplicité » et de la « diversité » des jeux linguistiques (cf. *supra* la citation du paragraphe 23 des *Investigations philosophiques*). Même la fonction cognitive de la traduction dans un contexte linguistique d'incommunicabilité est ébauchée dans les *Investigations philosophiques* (cf. Wittgenstein, 1961 : p. 129 paragr. 32).

Dans le domaine musical, le rapport entre la crise et la fondation d'un nouveau langage hégémonique semble être moins caractérisé par les catégories de la persuasion et de la conversion. En effet, on constatera que la fondation du langage sériel s'est accomplie à partir de certaines caractéristiques structurelles propres à l'incongruité de crise du langage tonal. Ainsi, on peut supposer paradoxalement qu'en musique, à la différence des sciences, les révolutions se développent sur des bases plus logiques que persuasives, ce qui implique une définition différente du concept kuhnien de l'incommensurabilité (cf. chapitres II et III)[14].

L'accomplissement des révolutions scientifiques, comme celui des révolutions musicales, exige deux conditions fondamentales pour qu'une théorie extraordinaire prenne une position dominante et devienne ainsi paradigme après l'acquisition du consensus communautaire. Tout d'abord, la théorie doit donner une solution à l'anomalie de crise — ce qui constitue l'aspect innovateur des révolutions — de plus elle doit être en mesure de résoudre une partie importante de problèmes déjà résolus par le paradigme précédent — ce qui implique le rapport avec la tradition[15]. C'est pourquoi les compositeurs, comme les scientifiques pendant la période de crise, doivent être capables de gérer la « tension essentielle », c'est-à-dire qu'ils doivent « faire simultanément preuve d'un caractère traditionaliste et iconoclaste » (Kuhn, 1990 : 307).

Au cours d'une révolution scientifique, la revendication de

---

[14] En raison de ce fait, je ne partage pas le point de vue de Ackerman qui voit les révolutions dans les arts, en particulier dans la peinture et dans la sculpture, tout simplement comme l'effet d'une « fatigue » des artistes par rapport à la tradition (cf. Ackerman, 1969 : 373).

[15] Il est typique que les nouveaux paradigmes « s'incorporent ordinairement une grande partie du vocabulaire et de l'outillage, tant conceptuel que pratique, qui étaient ceux du paradigme traditionnel, mais il est rare qu'ils fassent de ces emprunts exactement le même usage. Dans le cadre du nouveau paradigme, les termes, les concepts et les expériences anciens se trouvent les uns par rapport aux autres dans un nouveau rapport » (Kuhn, 1983 : 205).

l'hégémonie par l'intermédiaire de l'apparition d'une littérature spécialisée spécifique à la théorie est symptomatique du processus de la normalisation (Kuhn, 1983 : 41-42). Dans le domaine des langages musicaux, le même phénomène existe mais il se manifeste différemment[16]. En effet, du point de vue temporel, si dans les sciences la littérature spécialisée paraît presque simultanément aux découvertes, en musique la littérature spécialisée marque souvent un temps de retard. Premièrement, la littérature technique scientifique est instrumentale à la discipline, c'est-à-dire qu'elle est strictement fonctionnelle à la recherche, tandis que la littérature technique musicale a souvent un rôle de divulgation qui n'est pas directement lié au développement d'un langage, au *faire* de la musique. Deuxièmement, la science contemporaine se développe essentiellement sur la base d'équipes de recherche — contrairement au caractère individuel de la création musicale — ce qui implique une rationalisation complète et exhaustive destinée à l'échange d'informations à l'intérieur d'un même groupe et entre groupes différents au sein de la même discipline.

L'émergence d'un paradigme affecte d'une manière décisive la communauté scientifique. En effet, soit les membres de théories concurrentes se convertissent au nouveau paradigme hégémonique, soit « ils seront simplement considérés extérieurs à la spécialité et on ignorera leurs travaux » (Kuhn, 1983 : 40). Dans le domaine musical, en règle générale, on ne trouve pas la marginalisation des membres non conformes au langage dominant. Cette observation demande une articulation critique plus vaste. En effet, la structure des révolutions scientifiques, dans sa globalité, décrit un type de progrès

[16] On pense, par exemple, au *Traité de l'harmonie réduite à ses principes naturels* (1722), de Jean-Philippe Rameau, pour le langage tonal et, en ce qui concerne le langage sériel, à l'ouvrage de René Leibowitz *Introduction à la musique de douze sons* (1949).

articulé à la fois sur des phases historiques à caractère cumulatif et sur des épisodes de rupture. Par conséquent, si on peut envisager une pluralité de théories autonomes et contrastantes dans le cadre de la phase extraordinaire, le même type de phénomène est inimaginable dans le contexte de la science normale qui est caractérisé par une seule ligne de développement. Ces contraintes théoriques sont étroitement liées à la conception traditionnelle de la science. En effet, admettre la validité de théories différentes et contrastantes serait comme admettre l'absurde, à savoir l'existence de différentes réalités. En revanche, en musique un langage hégémonique n'exclut pas forcément d'autres théories différentes. La preuve en est que la coexistence d'un langage dominant en évolution cumulative avec un ancien langage *cristallisé* est tout à fait plausible (figure 5).

Le langage cristallisé est un langage déjà en crise qui, par conséquent, n'a plus aucune perspective logique de développement cumulatif. Pourtant, il est encore en mesure d'offrir des possibilités de vie *interne*, c'est-à-dire que si les nouveautés au niveau de la classe générale (langage) ne sont plus logiquement envisageables, des nouveautés au niveau des classes intermédiaires (de style et d'époque) et au niveau de la classe nucléaire (les œuvres) sont encore tout à fait possibles[17]. La figure 6 montre la possible coexistence de langages cristallisés et de théories extraordinaires antécédentes en relation avec une ligne unitaire de progrès musical.

Ainsi, comme on a pu le constater, cette conception du progrès musical est caractérisée, dans sa globalité, par une double cyclicité : le cycle évolutif du langage musical comporte un mouvement circulaire de dérivation à partir des modèles primordiaux, à travers les différentes matrices disciplinaires ; à un niveau supérieur, la succession de phases

---

[17] On pense, par exemple, au style néoclassique d'Igor Stravinsky qui peut être daté à partir de 1918 (*L'histoire du soldat*) jusqu'à l'après-guerre (*The rake's progress*, 1951).

Fig. 5. Langage cristallisé

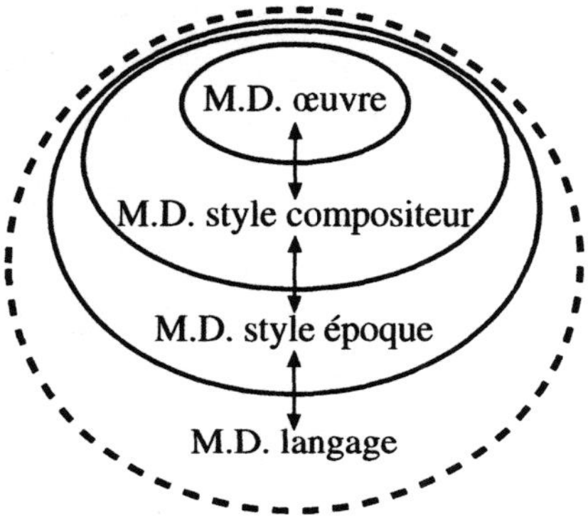

Fig. 6. Langages et théories musicales

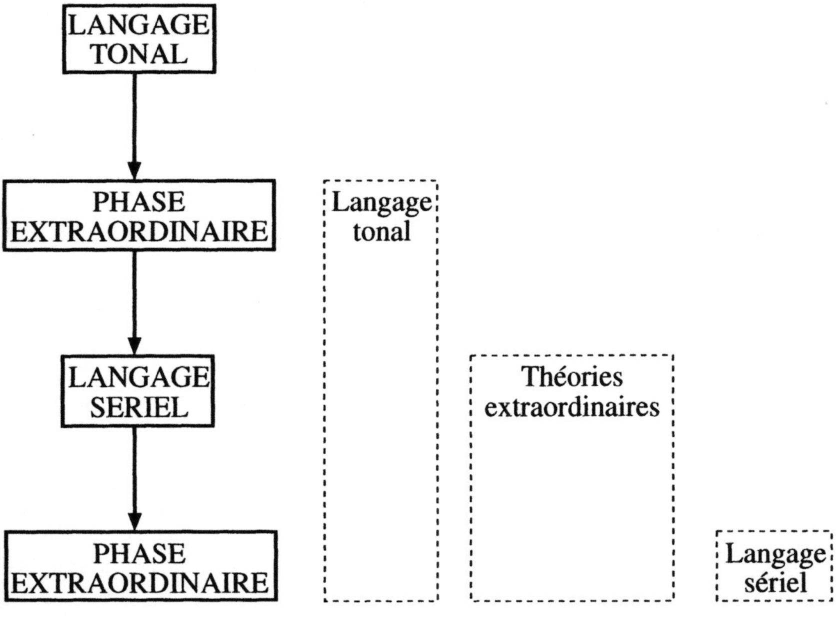

cumulatives et de moments de rupture constitue un aspect de plus ample envergure concernant notamment l'évolution historique des langages musicaux.

4. *Analyse et évaluation esthétique*

Du point de vue de la méthodologie d'analyse, le modèle épistémologique envisagé prévoit deux moments essentiels : (1) l'analyse approfondie des œuvres et (2) l'évaluation esthétique. L'analyse des œuvres constitue une démarche préalable nécessaire pour l'évaluation esthétique. L'analyse d'une œuvre concerne la définition accomplie de sa matrice disciplinaire, les relations entre les modèles compositionnels et les dérivations, la forme. L'évaluation esthétique implique le positionnement historique et théorique de l'œuvre. En effet, cette approche repose sur une conception théorique fondée sur des processus cycliques de genèse, d'évolution et de crise des langages musicaux.

Ainsi, dans le cadre des langages musicaux en évolution cumulative, la matrice disciplinaire de l'œuvre est confrontée avec les matrices des différents niveaux hiérarchiques. Son évaluation implique notamment la comparaison avec les derniers degrés évolutifs atteints par le langage. En effet, il est indispensable de remarquer comment les compositeurs interprètent et exploitent les modèles les plus avancés et de déceler l'émergence d'éventuelles nouveautés linguistiques, cruciales pour le processus d'évolution du langage musical (cf. chapitre IV).

En revanche, dans le cadre de la phase extraordinaire, la matrice disciplinaire de l'œuvre est isolée et autonome, c'est-à-dire qu'elle n'est en relation avec aucune matrice de niveau supérieur. Autrement dit, la matrice de l'œuvre représente entièrement et exclusivement le système linguistique de l'œuvre. Il faut néanmoins souligner que dans la phase extraordinaire, après la crise du langage sériel, on peut parfois supposer l'existence de matrices disciplinaires de style englobant des groupes limités d'œuvres.

En règle générale, l'analyse comparative d'œuvres appartenant à un langage partagé et reconnu et d'œuvres extraordinaires montre la très grande complexité des matrices extraordinaires par rapport aux matrices d'œuvres « normales ». En effet, comme souligné précédemment, la matrice de l'œuvre normale est en relation avec les autres matrices de niveau supérieur. Ainsi, elle se limite à la définition des aspects spécifiques de la stratégie compositionnelle, tandis que les autres matrices instruisent une grande partie de l'heuristique. En revanche, dans la phase extraordinaire on a parfois des cas-limite où une théorie compositionnelle est élaborée exclusivement pour la conception d'une œuvre unique. En fait, les modèles compositionnels des théories extraordinaires ne sont presque jamais entièrement exploités comme dans le domaine des langages en évolution cumulative. En effet, si les compositeurs n'obtiennent pas en principe le consensus nécessaire au développement approfondi d'une théorie, il peut arriver qu'ils changent — parfois même d'une manière radicale — leur perspective de recherche.

La présence de quelques caractéristiques des langages précédents est typique des œuvres extraordinaires. Pour cette raison, l'étude de la relation des œuvres de la phase extraordinaire avec celles des phases historiques précédentes se révèle fructueuse. De plus, le recours aux paradigmes extra-musicaux (scientifiques et technologiques) pour la fondation et le développement de théories compositionnelles expérimentales constitue un autre caractère typique de cette phase historique, surtout en ce qui concerne la période historique post-sérielle. On pense, par exemple, à l'exploitation de paradigmes scientifiques dans le domaine de la physique acoustique, des mathématiques et de l'informatique. Ainsi, l'individuation de ces références constitue dans certains cas un autre objectif important de l'analyse. En effet, comme on l'a dit précédemment, dans le cadre de la recherche extraordinaire les compositeurs comme les scientifiques essaient de s'appuyer sur des modèles cognitifs stables et reconnus. Ce phénomène est étroitement lié à l'incertitude endémique de la phase extraordinaire et à la quête du consensus nécessaire pour la fondation et la légitimation de nouvelles trajectoires du langage musical.

CHAPITRE II

LE LANGAGE TONAL

La notion de dérivabilité est l'un des concepts fondamentaux de mon approche théorique et méthodologique. Comme on l'a vu au cours du premier chapitre, son application porte à la fois sur l'analyse des micro-phénomènes du discours musical et sur l'étude des macro-phénomènes du langage musical. Dans ce chapitre, on abordera l'étude des macro-phénomènes historiques de l'harmonie tonale. En particulier, on essayera d'expliquer la genèse, l'évolution et la crise de la tonalité exclusivement sur la base des processus de dérivation et d'« hybridation » à partir de deux modèles primordiaux : le *modèle dynamique de dominante* et le *modèle dynamique de sous-dominante*.

Cette étude sera axée principalement sur l'harmonie tonale. En effet, l'harmonie a constitué le paramètre structurel fondamental du langage tonal et, par conséquent, les événements majeurs du développement de ce langage doivent être recherchés, à mon sens, dans l'évolution harmonique. Ainsi, on fera abstraction de l'analyse d'autres aspects importants pour l'évolution du langage tonal, comme l'organisation rythmique, la phraséologie et la forme, la métrique, l'instrumentation, tout en étant conscient de leur influence et de leurs relations, parfois étroites, avec les processus harmoniques du langage. En revanche, on n'aura recours à des considérations concernant strictement l'écriture musicale que lorsque cela s'imposera afin d'éclaircir et de mettre en relief certaines particularités harmoniques.

La datation historique précise de la genèse de la tonalité, en tant que système fondé sur les relations fonctionnelles entre accords, est problématique. Carl Dahlhaus met l'accent sur la disparité des théories sur l'origine de la tonalité, qui en recherchent la genèse au sein d'époques très différentes, et sur la contradiction entre jugements historiques divergents (Dahlhaus, 1993 : 7). Son étude, axée sur la comparaison entre théories compositionnelles modales et théories plus proches de la tonalité harmonique moderne, aborde l'analyse des motets de Josquin des Prez, des frottoles de Marco Cara et de Bartolomeo Tromboncino et des madrigaux de Claudio Monteverdi. Sur la base de cette perspective de recherche, Dahlhaus cherche chez Josquin des Prez les archétypes des modes modernes majeur et mineur vers 1500, chez Cara et Tromboncino (de la même époque) il essaie de vérifier l'hypothèse que l'origine de l'harmonie tonale est en relation avec la frottole, enfin dans les madrigaux de Monteverdi il vise à démontrer la transition vers l'harmonie tonale. Dans les deux premiers cas, il juge douteuse et peu plausible l'attribution de la genèse de la tonalité (*ibid.* : 274 et 283).

Monteverdi fut le protagoniste d'une célèbre querelle avec le théoricien Giovanni Maria Artusi (*L'Artusi, ovvero delle imperfettioni della moderna musica*, 1600), symptomatique du passage graduel d'une conception de la musique linéaire et contrapuntique (axée sur les modes anciens) à une conception harmonique dans le sens moderne du terme. En particulier, la polémique porte sur les dissonances et sur le traitement des modes anciens employés d'une manière innovante dans le cinquième livre de madrigaux de Monteverdi, ce qui peut induire effectivement à ramener ces innovations à l'origine de l'harmonie tonale. Cependant, selon Dahlhaus, on ne peut pas encore associer entièrement la technique compositionnelle de Monteverdi à l'harmonie tonale. En effet, « bien qu'elle s'éloigne des normes du XVIe siècle, l'harmonie du cinquième livre de madrigaux n'est pas pour autant tonale, au sens de la tonalité majeure-mineure. Elle diffère de la modalité mais aussi de la tonalité harmonique » (*ibid.* : 283)[1].

1. *Les modèles primordiaux de la tonalité*

À mon sens, il est possible de rendre compte du fonctionnement et de l'évolution du langage tonal uniquement sur la base de deux modèles primordiaux : le *modèle dynamique de dominante* et le *modèle dynamique de sous-dominante.* À titre de prémisse, il faut souligner que l'argumentation concernant l'origine et l'exploitation des modèles primordiaux sera menée sur la base de deux critères méthodologiques. Premièrement, je ferai appel d'une manière rigoureuse et systématique à la notion linguistique de l'opposition distinctive (cf. Troubetzkoy, 1967 : 37 et suiv. et Martinet, 1955 : 47-48). Deuxièmement, je tiendrai compte de l'interaction réciproque entre mode majeur et mode mineur. En effet, je suis persuadé qu'une véritable compréhension de l'évolution historique de l'harmonie doit nécessairement tenir compte des similitudes et des différences structurelles entre les deux modes de la tonalité.

Le cycle de trois fonctions tonales (tonique, dominante et sous-dominante) constitue la *structure symbolique temporelle* à la fois du modèle dynamique de dominante et du modèle

[1] Pour une vision plus détaillée des origines de la tonalité harmonique on renvoie à l'œuvre de Dahlhaus (1993).

dynamique de sous-dominante (figure 1)[2]. Pour l'instant, on se limitera à des considérations portant sur les accords de trois sons (triades) construits sur l'échelle majeure. Les accords principaux relatifs aux fonctions tonales sont les suivants : le degré I pour la fonction *statique* de tonique, le degré IV pour la fonction dynamique de sous-dominante et le degré V pour la fonction dynamique de dominante. En ce qui concerne le mode majeur on constate que, si on raisonne exclusivement sur la base des trois triades principales, le seul élément de différenciation qui permet l'opposition des trois fonctions est, en fait, le positionnement relatif de la note fondamentale de chaque accord, la configuration des intervalles harmoniques étant invariée (exemple 1). En effet, on trouve dans les trois cas une tierce mineure superposée à une tierce majeure, ce qui donne des accords majeurs. Par conséquent, on établit la relation entre la tonique (degré I) et la sous-dominante (degré IV) sur la base de l'intervalle mélodique de quarte ascendante (ou quinte descendante) entre leurs notes fondamentales. Le rapport entre la tonique (degré I) et la dominante (degré V) est fondé sur l'intervalle de quinte ascendante (ou sur son renversement). Enfin, l'intervalle de seconde majeure caractérise la relation entre l'accord de sous-dominante (degré IV) et l'accord de dominante (degré V)[3].

Les trois fonctions tonales sont représentées par les triades principales (degrés I, IV et V), mais aussi par des accords de trois sons complémentaires. Voici donc le schéma cadenciel complet : I — (VI) IV (II) — V (VII) — I. La direction de succession des accords de la région harmonique de sous-dominante est la même que celle du schéma cadentiel

---

[2] La fonction de sous-dominante peut être absente, ce qui implique la possibilité de cycles tonals portant uniquement sur la succession tonique-dominante.

[3] On ne tient pas compte des possibilités d'enchaînement des accords renversés qui impliquent des considérations d'ordre de l'écriture musicale liées aux styles d'époques différentes.

Fig. 1. Cycle des fonctions tonales

T. → SD. → D. → T.

Ex. 1. Triades principales

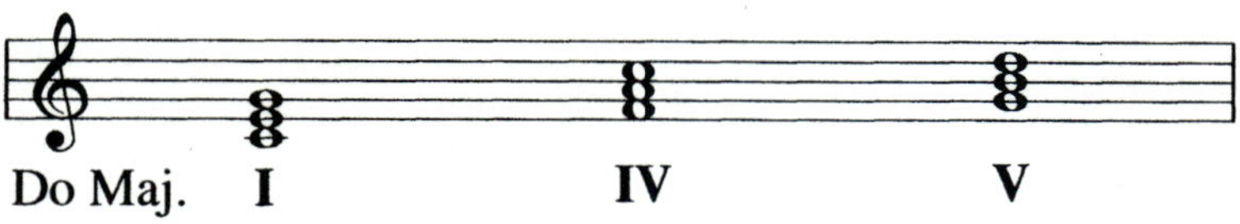

Ex. 2. Sensible de dominante

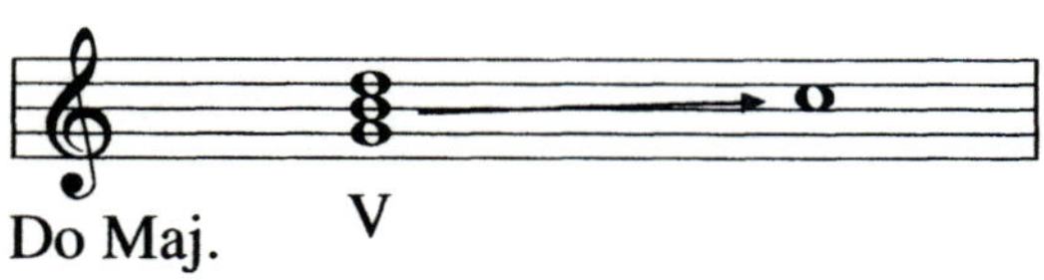

dans son ensemble : VI — IV — II. Ainsi, le degré VI peut être suivi par le IV et par le degré II. Le degré IV ne peut être suivi que par le degré II tandis que le degré II doit être suivi nécessairement par un accord de dominante. En ce qui concerne les accords de dominante, le degré V est susceptible d'être suivi ou précédé par son complémentaire, le degré VII[4].

La cadence plagale et la cadence rompue n'infirment pas la logique cadentielle : elles la confirment au contraire. En effet, le degré VI et le degré IV, employés comme accords de résolution dans les cadences rompues (V — VI et V — IV en premier renversement), acquièrent la fonction temporaire de *toniques parallèles*. La cadence rompue qui résout sur le degré VI est la plus ancienne. Il faut remarquer, en effet, que la seule note qui change dans la triade du degré VI, par rapport au degré I, est le *la* (fondamentale du degré VI dans la tonalité de *do* majeur) à la place du *sol* (quinte du degré I). En revanche, le degré IV présente deux notes différentes par rapport au degré I : le *fa* et le *la*. De plus, la pratique de l'écriture musicale polyphonique de doublement de la tierce du degré VI, ou de la quinte du degré IV, à savoir le *do* (tonique de la tonalité), confirme pleinement cette interprétation[5]. Le mouvement conventionnel de seconde diatonique ascendante à la basse (degrés *v* et *vi* mélodiques) dans les deux réalisations de la cadence rompue représente une formulation idiomatique forte liée à la reconnaissance à l'écoute de la cadence rompue. Par conséquent, d'un point de vue plus théorique, la réalisation de ce mouvement à la basse est en relation avec l'exigence de clarté et de non-ambiguïté du message et peut donc être expliquée par la notion

---

[4] Le degré III, qui peut remplir la fonction de dominante ou de tonique, en raison de sa configuration harmonique « ambiguë », sera exploité dans une phase plus avancée de l'harmonie tonale.

[5] L'écriture polyphonique des chorals de Johann Sebastian Bach constitue l'exemple d'une application particulièrement rigoureuse de cette convention.

linguistique d'opposition distinctive.

La cadence plagale n'est rien d'autre qu'une cadence bâtie sur le modèle de la cadence de dominante-tonique (degré V — degré I) sauf qu'elle est référée au contexte harmonique de la tonalité relative de sous-dominante. Cela nous amène à reconnaître une correspondance symétrique entre le degré IV de la tonalité de *do* majeur, par exemple, et le degré I de la tonalité de *fa* majeur, et la correspondance entre le degré I de la tonalité de *do* majeur et le degré V de la tonalité de *fa* majeur.

Il faut souligner que dans la pratique de l'analyse musicale, certains cas semblent contredire la logique cadentielle qu'on vient d'énoncer. Mais dans la presque totalité des cas, les accords anormaux ont des fonctions complémentaires liées aux techniques d'écriture d'une époque historique ou d'un style. Ces anomalies peuvent être expliquées, par exemple, par rapport à l'utilisation d'un accord avec fonction de passage, d'appoggiature, etc., ce qui revient à confirmer la logique du schéma cadentiel.

Le modèle primordial de dominante est défini en tant que modèle dynamique en raison de son rôle dans le cadre du schéma cadentiel. La sensible de dominante représente sa composante heuristique la plus importante (exemple 2). Du point de vue de l'écriture musicale, la sensible a représenté effectivement un élément fort de la fonction de dominante pendant toutes les époques historiques de la tonalité (de la genèse jusqu'à la crise). Pour cette raison, elle a été caractérisée par de fortes contraintes ayant pour but la clarté absolue du message, notamment à des moments importants du discours musical.

À présent, je peux mettre en relief que, du point de vue méthodologique, dans le cadre de l'œuvre musicale et dans celui du langage les modèles sont énoncés et rationalisés d'une manière organique et accomplie sur la base de la relation entre la structure symbolique temporelle et l'heuristique. En effet, si on prend comme exemple l'accord de dominante construit sur le degré V, on constate qu'il s'agit du produit de l'association de la structure temporelle du modèle (qui porte sur le positionnement cadentiel de sa fondamentale) avec la composante heuristique (impliquant le potentiel cinétique de tension et résolution).

La fonction dynamique de sous-dominante représente le second modèle du langage tonal. La triade du degré IV est l'accord principal de la région harmonique de sous-dominante. Dans le mode majeur, le seul paramètre de différentiation par rapport à la triade principale de dominante est représenté par le positionnement contextuel dans le schéma cadentiel de sa note fondamentale. En effet, la configuration intervallique des tierces harmoniques est exactement la même que celle concernant le degré V (il s'agit de deux triades majeures). En revanche, le caractère d'opposition de la fonction primordiale de sous-dominante (degré IV) par rapport à la dominante (degré V) émerge dans la construction de la triade dans le mode mineur, ce qui met en relief l'importance de l'interaction fonctionnelle des deux modes de la tonalité (exemple 3).

La construction de la triade du degré IV introduit un élément d'hétérogénéité essentiel pour le langage tonal, à savoir la différentiation du degré IV mineur. Cet aspect renforce d'une manière importante le caractère d'opposition du degré IV par rapport au degré V. En effet, si dans le mode majeur le positionnement de la fondamentale relative aux deux triades se charge entièrement de leurs potentiels dynamiques, maintenant le potentiel de sous-dominante est accentué et différencié sans aucune ambiguïté par cette propriété immanente au mode mineur. La conscience de cet aspect important a été exploitée par les compositeurs, au niveau le plus élémentaire, par l'emploi du degré IV mineur dans le mode majeur. Cette modification, dans le cadre du mode majeur, a comme objectif le renforcement de la fonction de sous-dominante et l'accentuation de l'opposition par rapport à la dominante. Dans une phase historique plus

Ex. 3. Degré IV

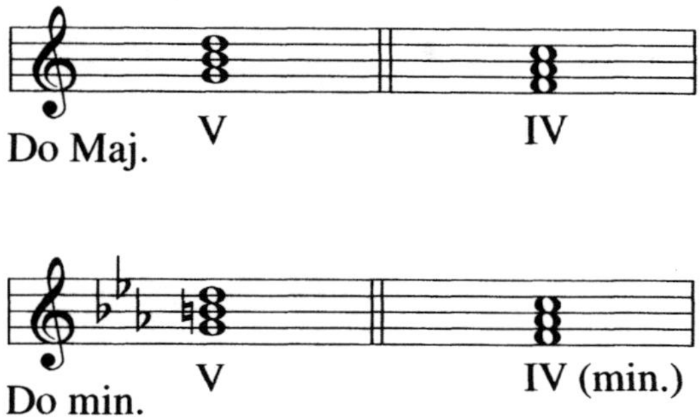

Ex. 3.1. J. BRAHMS, *Deutsche Volkslieder*
n. 8 « In stiller Nacht », mesures 1-2

avancée, comme on le verra dans le paragraphe suivant, les caractéristiques du degré IV mineur ont été étendues à d'autres degrés harmoniques, ce qui engendre des fonctions de sous-dominante d'emprunt.

L'aspect heuristique le plus important de l'accord du degré IV porte sur la « sensible de sous-dominante » et sur son potentiel dynamique descendant typique du degré *vi* mélodique naturel du mode mineur (exemple 4). Dans le cadre de la théorie harmonique, on peut ainsi associer, par le biais d'une logique de contraste, la notion originale de la sensible de sous-dominante à celle de la sensible de dominante. Dans ce cas, la « sensible descendante » engendre une tension opposée à celle caractérisant la dominante, une tension qui demande donc une résolution descendante vers le degré *v* mélodique.

Le principe de la superposition des tierces harmoniques (triades, accords de septième, accords de neuvième, accords de onzième et accords de treizième) représente une composante heuristique importante pour le langage tonal. Ce principe, qu'on peut définir comme *processus cumulatif des accords*, concerne la normalisation des notes dites *étrangères* à l'harmonie.

D'une manière théorique, on suppose à l'origine du système tonal l'organisation des fonctions à partir de noyaux constitués par les accords de trois sons. Ainsi, on peut raisonnablement imaginer les notes étrangères comme des éléments appartenant à une « zone périphérique » par rapport aux noyaux de triades. Probablement au début, la définition des triades avec fonction tonale, en contraste par rapport aux notes étrangères, a été en quelque sorte le produit d'un compromis entre la nouvelle conception tonale, axée sur les relations fonctionnelles entre accords, et les anciennes conceptions modales, bâties essentiellement sur des stratégies monodiques. Cela met en relief l'importance de la catégorie d'innovation musicale de type linguistique déduite à la fois de la notion d'anomalie scientifique de Kuhn et du concept

Ex. 4. Sensible de sous-dominante

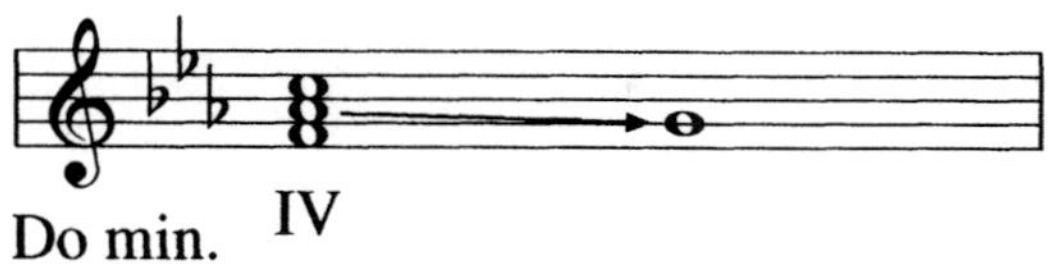

Ex. 5. Septième de dominante et septième de sous-dominante

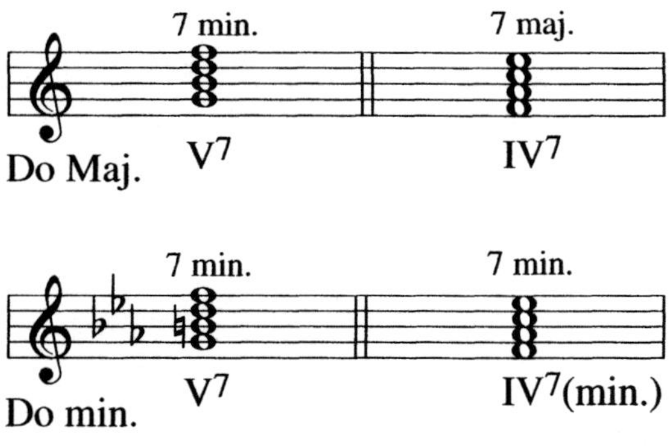

linguistique d'énigme chez Wittgenstein. En effet, il me semble plausible de supposer, dans la continuité historique du *faire* compositionnel, qu'au cours de la transition entre la conception modale et la conception tonale, certaines formulations antérieures de l'écriture musicale ont été héritées par la nouvelle pratique musicale. On peut faire l'hypothèse que ces phénomènes ont été conservés en tant qu'expressions idiomatiques désormais cristallisées, mais dans la nouvelle perspective tonale ils ont induit des processus de normalisation nécessaires à la légitimation et au développement d'une nouvelle conception harmonique, car le cadre théorique des anciennes théories modales qui les avait originées n'était plus valable.

D'un point de vue plus technique, le processus cumulatif porte sur la transformation par extension du concept même d'accord et, par conséquent, sur la modification historique des notions relatives de dissonance et de consonance. En effet, si au début, seules les superpositions de trois sons possédaient le statut d'accord tonal, pendant l'évolution de l'harmonie, on assiste à l'extension graduelle de ce concept. Ainsi, la septième de dominante a été la première parmi les notes étrangères à être assimilée à l'accord en tant que quatrième son. C'est ensuite seulement, au cours de l'évolution du langage tonal, qu'intervient la normalisation des septièmes sur les autres triades tonales et aussi la cristallisation des neuvièmes, des onzièmes et des treizièmes.

Il faut souligner que les processus de normalisation des notes étrangères par rapport aux accords suivent une règle de développement morphologique constante. En effet, il s'agit du critère de sédimentation déjà implicite dans la construction des triades, à savoir la superposition d'intervalles harmoniques de tierce (majeure ou mineure). Cela met en relief un aspect général typique caractérisant l'évolution et le fonctionnement des langages musicaux : la récurrence d'une même logique constructive à différents niveaux d'articulation du langage.

À présent, on peut finalement mettre l'accent sur la fonction constructive du principe cumulatif des accords par rapport aux fonctions dynamiques. En effet, si on compare les triades sur le degré IV et sur le degré V dans le mode majeur, comme on l'a déjà souligné, on constate la symétrie parfaite au niveau morphologique (triades majeures). Ce phénomène a induit les compositeurs à exploiter le degré *vi* mélodique descendant du mode mineur comme élément de différentiation. En revanche, la superposition ultérieure d'une tierce harmonique sur les triades a des conséquences importantes (exemple 5). En effet, cette fois-ci, on constate un caractère d'opposition déjà dans le cadre du mode majeur, ce qui n'était pas le cas pour les accords de trois sons. La septième de dominante, en tant que septième mineure, se distingue par rapport à la septième majeure sur le degré IV. En revanche, dans le mode mineur les deux septièmes (de dominante et de sous-dominante) sont mineures, mais l'accord du degré IV est mineur. Ainsi, on peut soutenir que le processus cumulatif des accords, concernant la superposition du quatrième son (la septième), introduit un équilibre d'opposition optimal axé sur l'hétérogénéité morphologique. De plus, l'utilisation différentiée et articulée des septièmes sur les accords *forts* de la tonalité, ainsi que sur d'autres accords (on fait ici allusion aux techniques de préparation et de résolution des septièmes de l'écriture musicale) a mis en relief l'importance de cette hétérogénéité, notamment par rapport à l'évolution historique de la dissonance.

Dans le dernier paragraphe, on remarquera que, sur la base du processus cumulatif des accords, le système tonal parviendra à un état d'homogénéité qui se révélera la cause principale de la crise. Dans le paragraphe suivant, on tracera donc les lignes essentielles du parcours évolutif tonal, axé exclusivement sur l'exploitation intensive et articulée des deux modèles dynamiques primordiaux en étroite association avec le principe cumulatif des accords.

2. *L'évolution de l'harmonie*

Dans ce paragraphe, on énoncera les étapes essentielles de l'évolution de l'harmonie au moyen d'une approche méthodologique en trois volets. Premièrement, on se consacrera aux processus de dérivation à partir du modèle primordial de dominante. Deuxièmement, on esquissera les processus de dérivation axés sur le modèle primordial de sous-dominante. Enfin, on étudiera les processus d'« hybridation » des deux modèles dynamiques. Cette approche méthodologique a pour but de mettre en évidence l'importance de la fonction oppositionnelle des deux « sensibles » (sensible de dominante et sensible de sous-dominante) en relation avec les caractéristiques morphologiques particulières des accords tout au long de l'évolution historique du langage tonal.

Du point de vue plus technique, cette approche mettra en relief que les accords de base relatifs aux modèles dynamiques sont caractérisés généralement par la résolution diatonique des sensibles (dominante et sous-dominante). En revanche, les accords dérivés, en tant que produits de la projection des particularités morphologiques et dynamiques essentielles des modèles primordiaux, sont caractérisés par des processus d'altération chromatique de leurs éléments constitutifs (fondamentale, tierce, quinte, septième, neuvième, etc.).

À présent, on peut donc citer quelques exemples importants d'accords dérivés de l'histoire de la tonalité sans prétendre à l'exhaustivité. Les dominantes d'emprunt représentent les dérivations les plus linéaires, du point de vue de la logique de la dérivabilité, à partir du modèle dynamique de dominante. L'exemple 6 montre les lignes fondamentales du parcours constructif qui caractérise la plupart des accords dérivés de ce type. La dominante d'emprunt sur le degré II est fondée sur la génération d'une sensible par l'altération ascendante de la tierce. Cette procédure transforme l'accord

Ex. 6. Dominante d'emprunt (degré II)

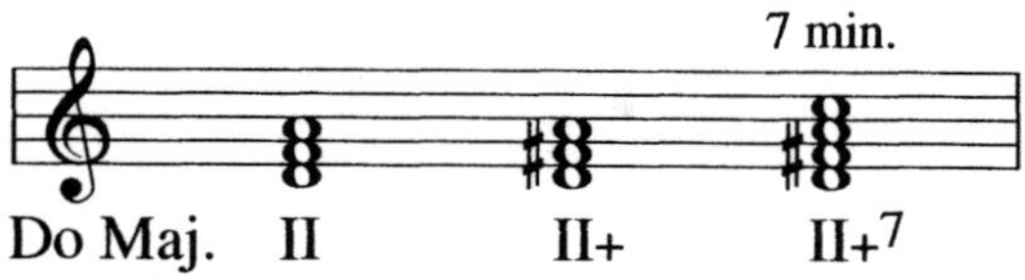

Ex. 6.1. F. CHOPIN, *Mazurka*, op. 7, n. 4, mesures 9-11

mineur en accord majeur et la sensible artificielle acquiert un potentiel dynamique ascendant qui demande une résolution appropriée. Le déploiement du schéma, dans le sens du processus cumulatif des tierces harmoniques, montre que l'accord, avec septième, présente la même configuration de la dominante sur le degré V, ce qui confirme la validité de l'approche de la logique tonale axée sur des équilibres distinctifs entre homogénéité morphologique (similarité de fonctions) et hétérogénéité morphologique (opposition de fonctions). En effet, sur la base de ce principe, la septième mineure renforce ultérieurement le potentiel dynamique de l'accord et rend plus clair le message musical. L'exemple 6.1 montre la résolution d'une dominante d'emprunt suivant le schéma de la cadence rompue (degré V — degré VI). Il faut remarquer la réalisation rigoureuse de ce passage : le degré II (dominante d'emprunt) est à l'état fondamental tout comme le degré III (*degré VI d'emprunt*) selon la convention. La sensible temporaire du degré II est résolue et sa septième est préparée et résolue. De plus, la tierce du degré III (tonalité *d'emprunt*) est doublée.

Arnold Schönberg, dans son *Traité d'harmonie*, présente les dominantes d'emprunt comme dérivations des anciens modes grégoriens. En particulier, il soutient que les dominantes d'emprunt sur les différents degrés de l'échelle correspondent aux dominantes des anciens modes (Schönberg, 1983 : 232). Cette interprétation de l'origine historique des dominantes d'emprunt me semble peu plausible. En effet, l'idée même de dominante fait partie de la conception moderne de la tonalité harmonique. L'étude de Dahlhaus, *La tonalité harmonique* (1993), est justement orientée vers la recherche et l'encadrement historique de l'émergence d'une véritable conscience tonale, à savoir la conscience d'un langage musical articulé à partir des relations fonctionnelles entre accords. Par conséquent, je suis d'avis que la thèse de l'existence de la fonction de dominante dans les théories modales pré-tonales soulève plus de questions qu'elle n'en résout. Il me semble, en fait, que l'interprétation de Schönberg est due probablement à son profond souci de démontrer une compréhension historique globale de la musique occidentale afin de légitimer les nouvelles tendances de la musique atonale qui aboutiront ensuite au système dodécaphonique.

Dans le cas des dominantes d'emprunt, l'importance fonctionnelle de l'articulation du principe cumulatif des accords, en étroite association avec les modèles dynamiques, est mise en relief par la dominante d'emprunt sur le degré I majeur (exemple 7). En effet, cet accord, à la différence du degré II, est déjà majeur comme le degré V. Dans le cas du schéma d'enchaînement le plus linéaire et le plus élémentaire des dominantes d'emprunt, à savoir celui axé sur le passage cadentiel degré V — degré I, la résolution de la dominante d'emprunt construite sur le degré I porte sur le degré IV. Cependant, en principe, ce passage harmonique n'est absolument pas perçu comme un passage de type dominante-tonique, mais plutôt comme un passage ordinaire entre la tonique et la sous-dominante, ce qui implique les fonctions naturelles de ces accords. Ainsi, ce n'est que par la superposition de la septième mineure (la septième caractérisant le degré V) — et par la résolution appropriée de la sensible artificielle de l'accord — qu'on percevra le degré I en tant que dominante, ce qui met en relief encore une fois l'importance de la configuration morphologique des accords[6].

Les dominantes d'emprunt construites à partir des configurations d'accords sur le degré VII dans le mode majeur et sur le degré VII dans le mode mineur (septième diminuée) constituent des dérivations à un degré de complexité supérieur. La dominante d'emprunt sur le degré VII avec septième diminuée est particulièrement intéressante (exemple 8). En effet, la septième diminuée du degré VII

---

[6] Une particularité de l'écriture musicale typique de la septième de dominante d'emprunt sur le degré I est sa préparation par l'intermédiaire de la sensible naturelle, tierce du degré V.

Ex. 7. Dominante d'emprunt (degré I)

Ex. 7.1. W. A. MOZART, *Sonate pour piano* K. 332, I
mesures 1-4

Ex. 8. Accord de septième diminuée

Ex. 9. Dominante d'emprunt de septième diminuée

Ex. 9.1. J. HAYDN, *Quatuor à cordes*, op. 76, n. 1, mesures 8-11

mineur est le résultat de la superposition d'une tierce harmonique mineure sur la triade diminuée. Ainsi, encore une fois, l'élément important de différentiation, par rapport à l'équivalent dans le mode majeur, est le degré *vi* mélodique descendant (*la* bémol)[7]. Comme dans le cas du degré IV mineur dans la tonalité majeure — ayant comme objectif le renforcement de la fonction de sous-dominante — les compositeurs ont su exploiter l'accord de septième diminuée même dans la tonalité majeure et non seulement sur le degré VII, par le biais de la diminution artificielle de la septième, mais aussi sur d'autres degrés sous forme de dominante d'emprunt (exemple 9, cf. aussi chapitre IV, exemple 20 : mesures 37-38).

L'accord majeur avec la quinte augmentée constitue une dérivation à partir du modèle primordial de dominante. En effet, dans ce cas, le processus d'altération ascendante de la tierce, typique des dominantes d'emprunt, est étendu même à la quinte de l'accord (exemple 10). Cette configuration a comme finalité le renforcement de la fonction de dominante du degré V ou des dominantes d'emprunt construites sur le même modèle[8].

Les accords de septième diminuée sur le degré II et sur le degré VI avec la fondamentale et la tierce augmentées peuvent encore une fois être considérés comme des dérivations particulières du modèle dynamique de dominante (exemple 11). En effet, ils ont exactement la même morphologie du degré VII du mode mineur (avec septième diminuée), mais ils sont dépourvus de la fonction de dominante. Autrement dit, en ce qui concerne l'écriture musicale, leur utilisation respecte les conventions

---

[7] Il faut souligner dans ce cas précis que, bien que le raisonnement harmonique soit axé autour du degré *vi* mélodique descendant (sensible de sous-dominante), la fonction reste celle de dominante. À ce sujet cf. *infra* les dérivations par « hybridation » des deux modèles primordiaux.

[8] Dans l'exemple 10.1 (mesures 65-66) la dominante d'emprunt sur le degré I avec quinte augmentée est renforcée ultérieurement par la superposition de la septième mineure.

grammaticales typiques de la résolution des altérations ascendantes, cependant ils n'ont généralement qu'un rôle d'accords d'appoggiature, en dehors donc du parcours cadentiel[9].

En ce qui concerne les dérivations à partir du modèle primordial de sous-dominante, comme dans le cas de la dominante, le système tonal permet d'utiliser des accords ayant pour fonction la sous-dominante d'emprunt. Cependant, il faut signaler que ce genre d'accord, et de façon plus générale les *harmonies* liées à la région de sous-dominante, caractérisent essentiellement la production musicale du classicisme mûr et surtout du romantisme. Par conséquent, les occurrences de ces élaborations de sous-dominante sont relativement rares, par exemple, dans la production de Bach ou à l'époque du premier classicisme.

La configuration des accords de sous-dominante d'emprunt est en relation étroite avec la configuration des accords de résolution relatifs, conformément au schéma cadentiel de la cadence plagale (exemple 12). Cela signifie que si l'accord de tonique d'emprunt est majeur (le degré IV de l'exemple), sa sous-dominante temporaire sera majeure ; en revanche, si l'accord de tonique d'emprunt est mineur (le degré II de l'exemple), la sous-dominante relative est censée être mineure[10]. Cependant, comme on l'a souligné précédemment, l'accord du degré IV mineur peut être employé aussi dans la tonalité majeure avec fonction de renforcement de la sous-dominante. Cela implique, par analogie, la possibilité d'utilisation d'un accord de sous-dominante d'emprunt mineur référé à une tonique relative majeure.

---

[9] Cf. chapitre IV, exemple 20 : mesures 26-30. En particulier, il faut remarquer l'attribution de la fonction de dominante à l'accord d'appoggiature finalisée à la modulation.

[10] En ce qui concerne l'écriture musicale, il faut remarquer que dans le second cas la tierce mineure de la sous-dominante d'emprunt exige la résolution descendante en tant que degré *vi* mélodique descendant (sensible de sous-dominante).

Ex. 10. Dominante avec quinte augmentée

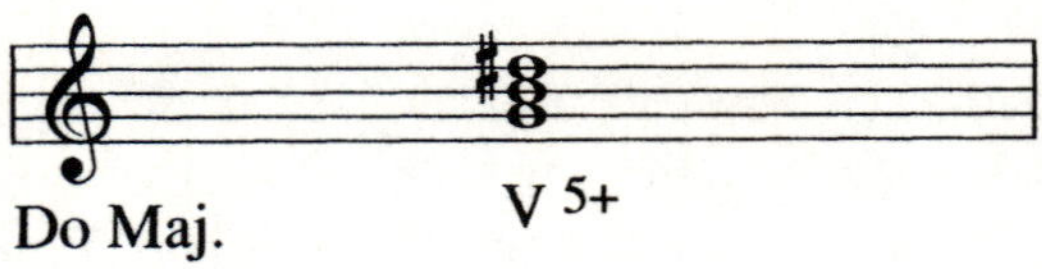

Ex. 10.1. L. v. BEETHOVEN, *Quatuor à cordes*, op. 18, n. 4, II
mesures 62-67

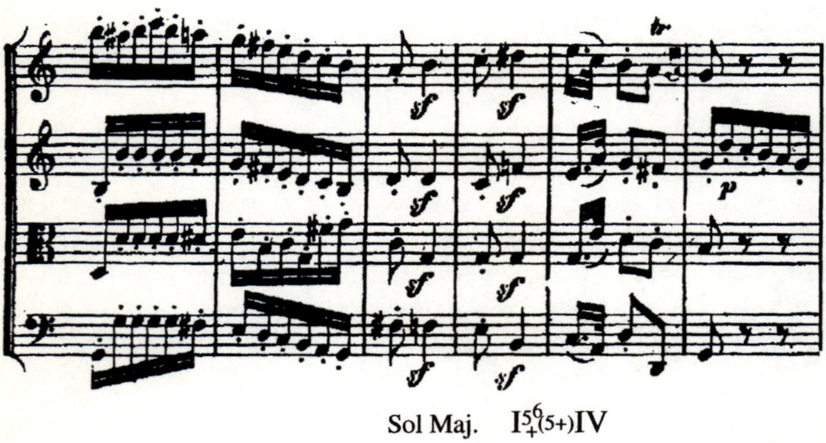

Ex. 11. Degrés II et VI *augmentés* (septièmes diminuées)

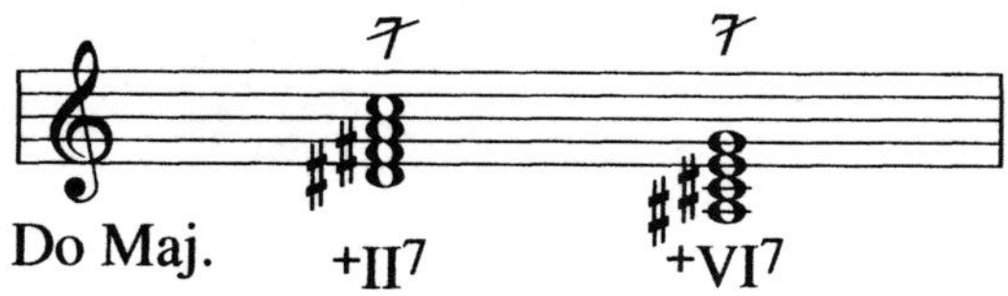

Ex. 12. Sous-dominante d'emprunt

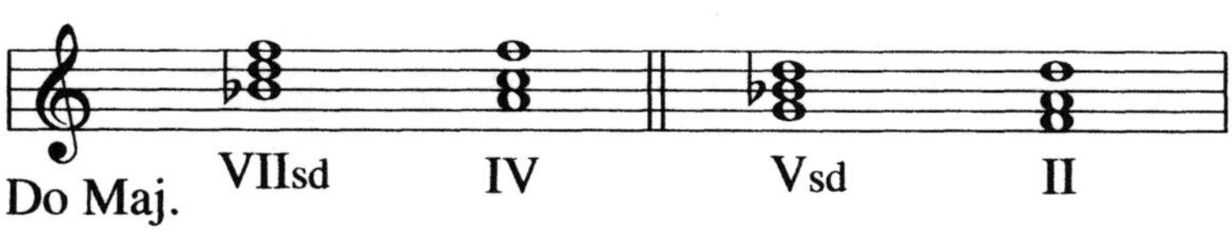

L'accord dit de *sixte napolitaine* est probablement la dérivation la plus importante à partir du modèle primordial de sous-dominante. La définition fait allusion à l'utilisation de l'accord, du point de vue de l'écriture musicale, qui l'a caractérisé à peu près jusqu'au XVIIIe siècle. En effet, à cette époque, l'accord est employé essentiellement en premier renversement, tandis que dans la production musicale du XIXe siècle, on trouve couramment des exemples de sixte napolitaine à l'état fondamental.

L'accord est construit sur la base de la diminution chromatique de la fondamentale du degré II dans le mode mineur. Cette modification engendre la métamorphose de la triade diminuée en triade majeure (exemple 13).

Il me semble que l'origine de cet accord est en relation avec la caractéristique heuristique la plus importante du modèle dynamique de sous-dominante : la sensible de sous-dominante. La triade sur le degré VI, construite sur la gamme mineure descendante, est majeure. En revanche, la triade sur le degré VI, construite à partir de la gamme mineure ascendante, est diminuée. Or, les compositeurs ont probablement conçu l'accord de sixte napolitaine sur la base de la similarité morphologique entre le degré VI (gamme mineure ascendante) et le degré II (gamme mineure descendante) : dans les deux cas il s'agit en effet de triades diminuées. Ainsi, ils ont probablement transformé le degré II diminué en accord majeur par la diminution de sa fondamentale, ce qui renvoie d'une manière prégnante à la configuration du degré VI (accord majeur) construit sur la gamme mineure descendante[11]. Il faut souligner que le potentiel heuristique de sous-dominante de la sixte napolitaine est très fort. En effet, non seulement le degré *vi*

---

[11] Schönberg rejette l'hypothèse de l'origine de la sixte napolitaine sur la base de l'altération de sa fondamentale (Schönberg, 1983 : 302). Il suppose l'existence de deux sons correspondant au degré *ii* mélodique dans le cadre des modes anciens, ce qui renvoie à la précédente critique de son approche historique (cf. *supra*).

Ex. 13. Sixte napolitaine

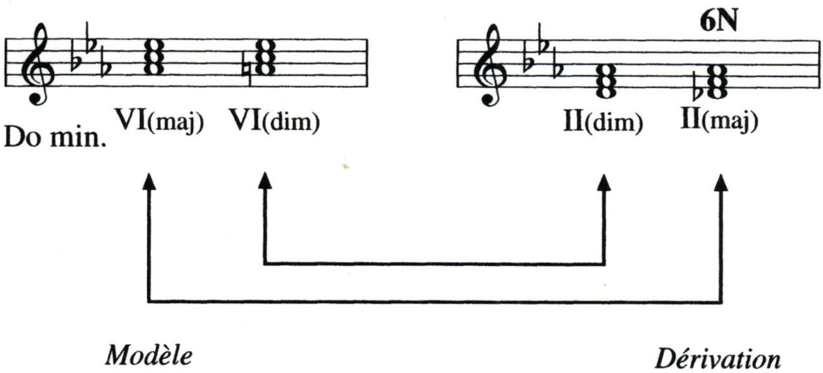

Ex. 13.1. L. v. BEETHOVEN, *Sonata quasi una fantasia* op. 27 n. 2, I, mesures 48-50

mélodique (*la* bémol) exige une résolution descendante, mais même la fondamentale diminuée (*ré* bémol) implique le mouvement descendant typique de la sensible de sous-dominante, ce qui engendre, dans l'ensemble, un accord de sous-dominante particulièrement efficace du point de vue de la logique oppositionnelle du système tonal (cf. aussi exemple 14.1). De plus, en raison de son potentiel de sous-dominante, la sixte napolitaine, dans la phase la plus avancée de son évolution, sera utilisée aussi dans le mode majeur et même en cadence plagale, par l'exploitation du mouvement de quinte ascendante (ou renversement) à la basse (pour un emploi particulier de la sixte napolitaine cf. chapitre IV, exemple 20 : mesures 6-8).

On a expliqué précédemment comment les compositeurs ont exploité et développé les modèles primordiaux de la tonalité selon la logique de dérivabilité. On a examiné notamment les accords dérivés du modèle de dominante et les dérivations du modèle de sous-dominante. À présent, on peut désormais se consacrer à l'étude de dérivations particulières engendrées par le troisième principe évolutif de l'harmonie tonale : l'« hybridation » des deux modèles dynamiques.

Les accords construits sur le degré V (ou sur les dominantes d'emprunt ayant la même morphologie) avec l'altération descendante de la quinte font partie des dérivations harmoniques par hybridation. Comme on l'a vu précédemment, l'altération ascendante de la quinte sur le modèle du degré V engendrait le renforcement de la fonction de dominante. En revanche, dans ce cas, la diminution de la quinte introduit un élément qui rappelle le fonctionnement de la sensible de sous-dominante (exemple 14). En fait, même si la quinte diminuée exprime véritablement un potentiel de sous-dominante, confirmé par l'exigence de sa résolution descendante, cet accord garde sa fonction originaire de dominante. Ceci parce que la fonction de dominante, exprimée par la tierce majeure de l'accord (sensible), est plus forte que la fonction de sous-dominante, exprimée par la

Ex. 14. Dominante (degré V) avec la quinte diminuée

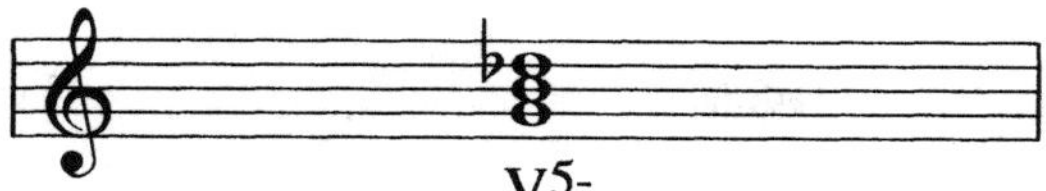

Ex. 14.1. F. CHOPIN, *Nocturne*, op. 27, n. 1, mesures 17-18

Ex. 15. Dominante (degré V) avec quinte augmentée et diminuée

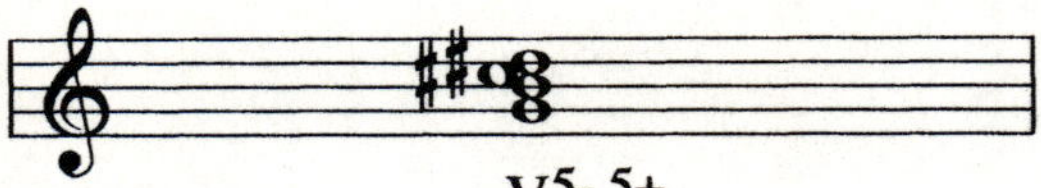

Do Maj. V5-,5+

Ex. 15.1. R. SCHUMANN, *Dichterliebe*, op. 48, n. 12
« Am leuchtenden Sommermorgen », mesures 16-18

Si*b* Maj. I III+(5-) VI+

Ex. 16. Sixte augmentée

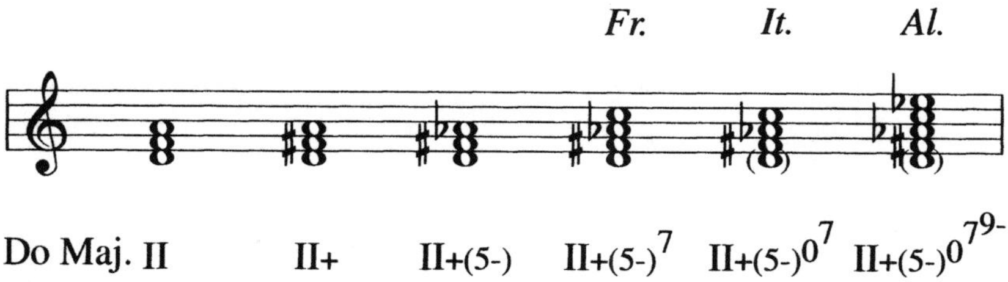

Ex. 16.1. F. SCHUBERT, *Quatuor à cordes*, op. 125, n. 1, IV
mesures 238-241

diminution de la quinte.

Pour la même raison, l'accord élaboré sur la configuration du degré V avec, en même temps, l'altération ascendante et l'altération descendante de la quinte (exemple 15), garde sa fonction de dominante (la quinte augmentée renforce la fonction de dominante)[12].

L'accord de *sixte augmentée* est probablement la dérivation la plus importante parmi les accords dérivés hybrides (exemple 16). Il s'agit d'un accord fondé sur le degré II, dans le mode majeur, avec fonction de dominante d'emprunt du degré V. La quinte diminuée (*la* bémol), comme on l'a déjà souligné, n'affecte pas la fonction de dominante de la sensible temporaire (*fa* dièse). La septième mineure renforce ultérieurement le potentiel dynamique de la dominante. La sixte augmentée dite *française* comporte l'accord complet de toutes ses composantes (cf. Piston, 1987 : 420). L'appellation « sixte augmentée » est due à la disposition conventionnelle des composantes dans l'écriture musicale qui prévoit généralement la quinte (*la* bémol) à la basse et la tierce (*fa* dièse) dans une partie supérieure, ce qui produit l'intervalle harmonique de sixte augmentée. L'accord de sixte augmentée peut être employé dans ses formes sans fondamentale (*italienne*) et sans fondamentale avec neuvième mineure (*allemande*).

3. *La crise de la tonalité*

Comme on l'a vu dans le paragraphe précédent, les processus de dérivation et d'hybridation à partir des deux modèles primordiaux de la tonalité (le modèle dynamique de dominante et le modèle dynamique de sous-dominante) ont déterminé entièrement l'évolution de l'harmonie tonale. De plus, leur exploitation innovatrice et réitérée, conjointement à

[12] Le schéma présente une écriture enharmonique. De même, le *si* bémol de l'exemple 15.1 doit être interprété enharmoniquement comme *la* dièse.

la conquête graduelle du champ harmonique vertical (accords de septième, de neuvième, de onzième et de treizième) ont abouti à la crise du système tonal.

L'observation des accords de cinq sons, les accords de neuvième, montre déjà la nature de la crise tonale (exemple 17). En effet, on peut remarquer sur l'accord de neuvième du degré I la superposition de la triade de dominante sur la triade de tonique. Dans les autres accords on trouve des anomalies moins marquantes : sur le degré IV on constate dans la superposition la formation de la triade de tonique, sur le degré V la triade complémentaire de sous-dominante (degré II), sur le degré VI la triade de tonique et sur le degré VII la triade complémentaire de sous-dominante (degré II). Cette particularité des accords de neuvième représente une incongruité importante car elle met en contradiction le schéma cyclique fondé sur la succession diachronique des trois fonctions.

En ajoutant encore une tierce harmonique (accords de onzième), les phénomènes anormaux deviennent encore plus remarquables (exemple 18). Par exemple, sur le degré I se forme l'accord de septième de dominante, sur le degré IV la triade de tonique tandis que sur le degré VI on trouve, en même temps, la triade de tonique et la triade de dominante.

Enfin, dans les accords de treizième, on a simultanément les fonctions dynamiques de dominante et de sous-dominante et la fonction statique de tonique sur tous les degrés de l'échelle (exemple 19).

Par conséquent, les fonctions tonales ne sont articulées que sur la base du positionnement contextuel de la note fondamentale des accords, ce qui se révèle un élément d'opposition trop faible, d'autant plus si l'on tient compte de la totale émancipation des renversements. En fait, dans les superpositions harmoniques complexes, l'hégémonie de la note fondamentale de l'accord, et en conséquence sa reconnaissance en tant que telle, n'est plus préservée (figure 2). Ainsi, si le processus cumulatif des accords a contribué

Ex. 17. Accords de neuvième

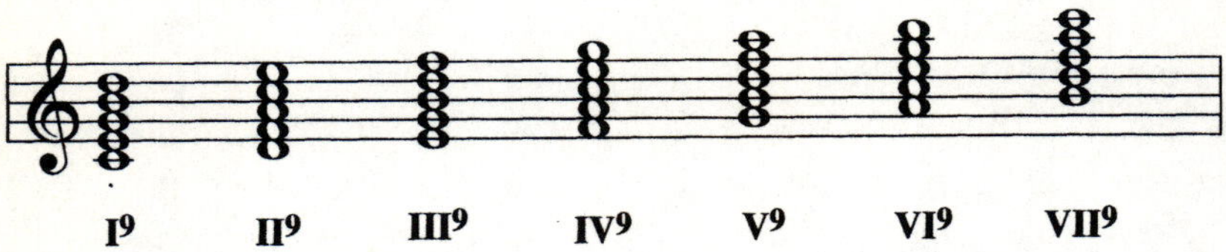

Ex. 18. Accords de onzième

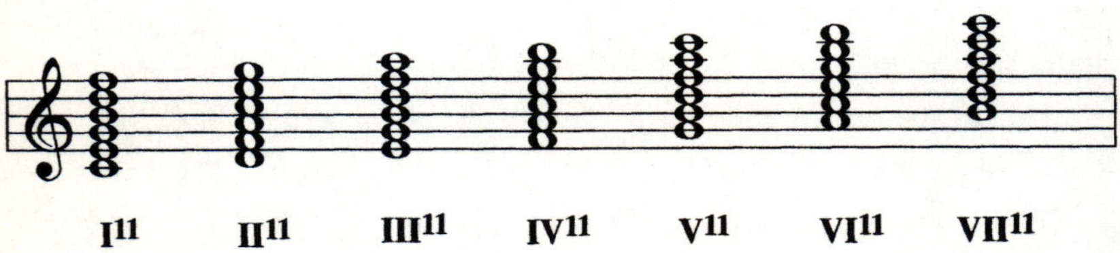

Ex. 19. Accords de treizième

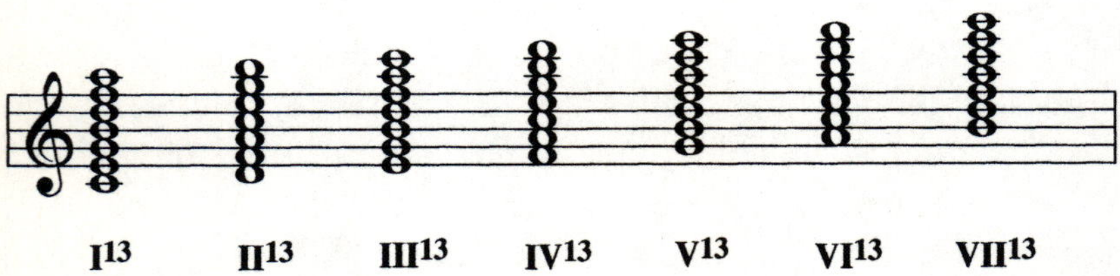

Fig. 2. Evolution historique et opposition distinctive

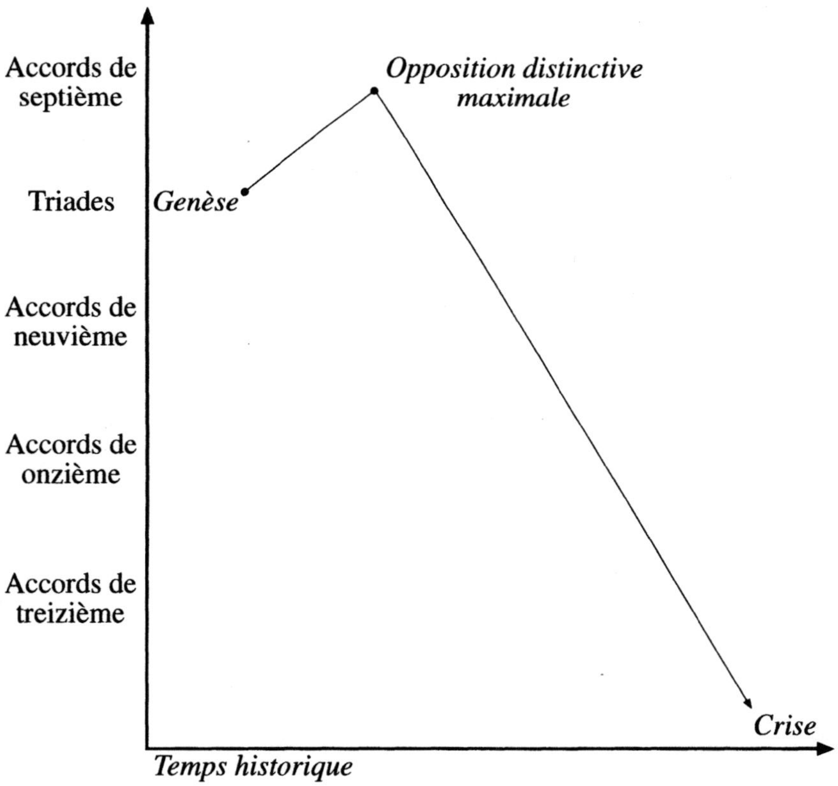

dans une première phase historique au renforcement de l'opposition distinctive entre les fonctions tonales par l'introduction d'éléments de différentiation (accords de septième), à ce stade évolutif le même processus aboutit à l'effacement total de l'opposition entre la tonique et la dominante par le biais de leur superposition synchronique (accords de neuvième, de onzième et de treizième).

Je voudrais démontrer désormais que le chromatisme et la prépondérance de la fonction dynamique de dominante, dans les harmonies révolutionnaires de Richard Wagner, sont les symptômes de la crise de la tonalité. Pour ce faire, j'avancerai diverses observations portant sur l'écriture musicale. En effet, dans le cadre des accords complexes de cinq, six ou sept sons, il est essentiel de déceler la fonction effective des composantes des accords, ce qui implique l'analyse du mouvement des parties instrumentales (et/ou vocales), le degré d'émancipation des renversements des accords, la logique de doublure des composantes de l'accord, les rapports entre l'harmonie et le rythme, l'orchestration.

On prendra comme exemple, avec Diether de la Motte (1988), un fragment de l'opéra *Tristan und Isolde*, composé en 1857 (exemple 20). Cet opéra présente des solutions harmoniques très avancées pour son époque, solutions qu'on peut déjà considérer comme le résultat du développement extrême des potentialités de l'harmonie tonale. L'étude des harmonies avancées de Wagner par de la Motte est axée sur deux hypothèses. Premièrement, sur la conception des accords wagnériens de quatre sons conçus comme agrégats autonomes, c'est-à-dire dépourvus de fonction tonale, légitimés seulement par les résolutions des sensibles (de la Motte, 1988 : 279 et suiv.). Dans cette orientation, il se focalise sur l'étude de différentes formes de cadence rompue utilisées dans le style avancé de Wagner. Deuxièmement, il considère le chromatisme du compositeur, non pas comme une finalité de son style mais, au contraire, comme le produit de sa conception harmonique (*ibid.* : 284).

Si la seconde hypothèse de la Motte semble tout à fait plausible, la première présente, à mon sens, une déformation interprétative excessive. En effet, la simple acquisition théorique de la fonction de sensible, ayant comme objectif l'enchaînement des accords, et l'admission de l'existence des cadences rompues, impliquent nécessairement la fonction de dominante. Par conséquent, les accords complexes de Wagner ne peuvent être conçus en tant qu'agrégats sans fonction, tout en admettant l'existence des sensibles de dominante, sans engendrer une contradiction flagrante. Il faudra donc admettre le rôle opérationnel des dominantes et chercher éventuellement dans la musique de Wagner les vestiges de la logique cadentielle tonale.

L'analyse suivante du fragment du *Tristan* porte sur cet objectif. Le premier accord est un degré V avec neuvième, il s'agit donc d'un accord de dominante. De la Motte, qui a ciblé son analyse sur la recherche des sensibles et sur leurs résolutions exceptionnelles, ne s'arrête pas sur la description de cet enchaînement. La sensible de la tonalité de *do*, la note *si*, est doublée aux altos et à la voix. La résolution des altos porte sur la septième de dominante du degré I (*si* bémol), tandis que le *si* au chant se résout plus conventionnellement sur la tonique. Cette procédure d'enchaînement est tout à fait typique et très répandue dans la production romantique mure. La résolution de la dominante d'emprunt sur le degré I est plus complexe. Le passage chromatique des violoncelles et des contrebasses, de *do* à *ré* bémol, engendre la transformation de cet accord de septième de dominante en septième diminuée. Cette métamorphose n'affecte pas la clarté du message tonal, c'est-à-dire que l'accord de septième diminuée garde la fonction de dominante de l'accord précédent conformément à son usage traditionnel. En revanche, l'enchaînement avec l'accord suivant est problématique. En effet, la sensible temporaire du degré I dominante d'emprunt, le *mi*, descend chromatiquement au *mi* bémol (seconds violons). Le produit harmonique de ce

Ex. 20. R. WAGNER, *Tristan und Isolde*, I(V), mesures 1677-1682

glissement chromatique est un accord de septième de dominante. De la Motte considère la résolution de cet accord comme une cadence rompue complexe, en raison de sa conception théorique très large de la cadence rompue. En effet, il arrive à admettre la possibilité de cadences rompues sans la note tonique dans l'accord de résolution et même des cadences rompues où l'accord de résolution présente encore la sensible (*ibid.* : 285-86).

Ainsi, d'après de la Motte, la sensible de l'accord de dominante de *mi* bémol, la note *sol*, résoudrait sur la note *sol* dièse. Mais *sol* dièse est à son tour une sensible et l'interprétation harmonique de ce passage comme cadence rompue semble assez peu plausible. À mon sens, on peut interpréter cet accord de dominante comme un accord de passage, résultat du glissement mélodique chromatique, par conséquent il faut chercher le sens harmonique de ce passage dans la connexion entre la septième diminuée sur le degré I et l'accord suivant. La dominante d'emprunt sur le degré III représente l'accord pivot de la modulation vers la tonalité de *la* mineure. Je tiens à souligner que ce passage modulant est tout à fait typique, même pour des musiques beaucoup plus anciennes, comme par exemple la musique de J. S. Bach. Ainsi, il ne présente aucun problème interprétatif. En revanche, il faut tenir compte de la complexité du I degré précédent qui a été présenté sous forme de dominante d'emprunt sans véritable résolution.

Le degré III (dominante d'emprunt) de la tonalité de *do* majeur devient degré V de la tonalité de *la* mineure. La résolution de cette dominante est ambiguë. En effet, l'accord successif peut être interprété comme degré VI ou comme degré I avec l'appoggiature de la quinte (la note *fa* aux seconds violons). Les deux interprétations sont tout à fait compatibles par rapport à l'harmonie suivante et, de plus, elles sont compatibles avec la logique cadentielle tonale[13]. Il faut souligner que la seconde interprétation renvoie encore une fois à la fonction de dominante. En effet, le degré I dans cette disposition, c'est-à-dire le deuxième renversement avec mouvement conjoint descendant de la fondamentale et de la tierce (respectivement aux premiers violons et aux altos), a traditionnellement le rôle d'accord d'appoggiature de la dominante (degré V), ce qui implique dans notre cas spécifique l'élision de la fonction de tonique.

La cinquième mesure du fragment offre encore la possibilité d'une double interprétation. Cette fois-ci, c'est du *fa* dièse à la voix que provient l'ambiguïté. En effet, on peut classer l'accord comme degré V avec neuvième (le *fa* dièse) — dans ce cas la note *la* aux premiers violons est un retard — sinon on peut l'expliquer comme degré II avec septième si on considère le *mi* des violoncelles et des contrebasses en tant que note pédale. La résolution de cette autre dominante a lieu au premier temps de la sixième mesure sur le degré VI de *la* mineur altéré par la diminution de la septième : il s'agit donc encore une fois d'une résolution sur un accord de dominante (dominante d'emprunt de la tonalité de *si* bémol).

En ce qui concerne la structure de la partie vocale, en particulier le chromatisme total qui la caractérise, il faut signaler qu'il s'agit d'une construction relativement simple bâtie sur une logique d'alternance entre notes réelles des accords, y compris les neuvièmes, et notes étrangères, surtout avec fonction d'appoggiature. La première mesure est caractérisée par la liaison chromatique entre la neuvième mineure du degré V et la sensible. Dans ce type de passage mélodique, fortement caractérisé par le chromatisme, il est parfois difficile de distinguer avec exactitude la fonction de note de passage de la fonction d'appoggiature. Ainsi, on pourrait par exemple interpréter le *la* bémol du début comme

---

[13] Le *ré* dièse aux seconds violons est une note de passage chromatique. La particularité de son écriture (transformation enharmonique de *mi* bémol) est due à une exigence de compatibilité par rapport à la voix.

appoggiature inférieure de la neuvième majeure (neuvième *naturelle* de cet accord) et ensuite le *si* bémol ayant la même fonction, mais en relation avec la sensible. Le *do* dièse de la troisième mesure et le *ré* dièse de la quatrième représentent respectivement des appoggiatures inférieures de la septième et de la quinte. Il est donc évident que la simple interposition d'appoggiatures dans un contexte harmonique de cette complexité, à savoir un contexte où les septième et les neuvième sont considérées désormais comme des consonances, provoque inévitablement un parcours mélodique fortement chromatisé.

La conscience de la crise des fonctions tonales, engendrée par la superposition synchronique des accords de fonction dans les agrégats complexes (de cinq, six ou sept sons), ou au moins le pressentiment de ce risque, a induit Wagner à rechercher un nouvel ordre harmonique entièrement axé sur la seule fonction de dominante. L'analyse de l'extrait du *Tristan* a montré que la totalité des accords employés est assimilable à la fonction de dominante. Cependant, la logique d'enchaînement harmonique des dominantes d'emprunt et les techniques concernant la cadence rompue ont montré qu'il est encore possible de déceler une logique cadentielle de type tonal fortement affectée par l'hégémonie de la fonction de dominante.

Du point de vue historique, il faut souligner que ce cadre harmonique présente assez clairement les signes de la décadence du langage tonal. En effet, si le modèle de dominante a été exploité essentiellement dans la musique de Bach et dans le classicisme, le modèle de sous-dominante a été développé d'une manière approfondie au cours du romantisme. Par conséquent, la presque totale annulation des fonctions de sous-dominante et de tonique dans la production la plus avancée de Wagner, ou au moins leur déclin remarquable, constitue un signe manifeste de la crise du système tonal.

Le chromatisme mélodique qui caractérise le style

wagnérien s'est averé, en réalité, une conséquence directe du processus harmonique de prolifération des dominantes ayant pour but les modulations temporaires perpétuelles qui perturbent sans cesse la stabilité tonale. Ainsi, en tant que produit de la crise tonale, il caractérisera fortement la recherche d'un nouveau système après la crise du langage tonal. Dans le prochain chapitre, on verra donc comment le raisonnement portant sur le chromatisme a pu orienter la recherche extraordinaire après la crise de la tonalité et de quelle façon il a représenté un véritable point de départ pour la fondation du langage sériel[14].

[14] L'analyse de *Farben*, troisième des *Cinq pièces* pour orchestre op. 16 de Schönberg, mettra en relief des aspects typiques de la recherche extraordinaire après la crise de la tonalité (chapitre V).

CHAPITRE III

LE LANGAGE SERIEL

La sérialité devient le langage hégémonique après la crise du système tonal. L'invention de la dodécaphonie constitue une véritable révolution musicale dans le sens qu'on a énoncé au cours du premier chapitre. Dans les passages suivants, on mettra en relief les aspects typiques de la révolution musicale qui a abouti à la fondation du langage sériel. Pour ce faire, on mettra en relation les prémisses théoriques du dodécaphonisme avec la crise de la tonalité afin de pouvoir déceler leurs connexions logiques. On essaiera de démontrer, en particulier, que les procédés constructifs caractérisant la fondation de la pensée sérielle ne sont pas des procédés de type cumulatif par rapport à l'évolution harmonique tonale mais, au contraire, se posent dans une perspective en nette contraste.

La période historique qui a vu naître la dodécaphonie, à savoir la phase extraordinaire après la crise de la tonalité, est caractérisée à la fois par une profonde incertitude, due au risque de l'incommunicabilité, et par le besoin impérieux de créer une nouvelle forme de langage musical. L'extrait suivant de l'article *La composition avec douze sons* (1941) décrit d'une manière emblématique l'état d'incertitude et d'inquiétude qui a bouleversé Schönberg pendant les années qui ont précédé son invention révolutionnaire.

> « Après nombre de tentatives infructueuses pendant environ douze ans, je pus établir les fondations d'un nouveau mode de construction musicale qui me parut apte à remplacer les différenciations structurales découlant auparavant de l'harmonie tonale » (Schoenberg, 1977 : 166).

La phase extraordinaire — qui suit la crise d'un langage — est caractérisée systématiquement par un changement radical dans la manière de voir et de percevoir l'incongruité de crise. En effet, si au cours de la dernière période évolutive du langage, les compositeurs essaient de normaliser l'incongruité par des catégories logiques *normales*, après la crise, ils ont une attitude contraire : ils essaient de l'amplifier et de la généraliser.

Wagner, comme on l'a souligné dans le chapitre précédent, était probablement déjà conscient des incongruités du système tonal. Pour cette raison, son style avancé a exploité à l'extrême la seule fonction de dominante, car la superposition synchronique des fonctions principales, qui émerge dans la configuration des accords complexes de cinq, six et sept sons, a lourdement affaibli la logique du système cadentiel. Cette stratégie compositionnelle a abouti à une forme de chromatisme généralisé qu'on a défini plus précisément comme chromatisme harmonique, car engendré par des modulations transitoires perpétuelles.

Schönberg n'a pas essayé de donner une réponse à la crise tonale dans la perspective cumulative, c'est-à-dire qu'il n'a pas cherché une solution dans l'orientation des anciennes catégories tonales, mais, au contraire, il a pris acte courageusement de l'état d'impasse irréversible du système tonal et il s'est consacré à la recherche d'une re-fondation radicale du langage. Pour ce faire, il a dû assumer, du point de vue théorique, l'invalidation totale et irrévocable du système tonal afin de pouvoir accentuer et amplifier l'incongruité de crise : le chromatisme[1]. Dans un passage du même article, Schönberg décrit l'état de crise de la tonalité et indique la voie de la fondation du nouveau langage dodécaphonique dans une synthèse très perspicace.

> « La méthode de composition avec douze sons est née d'une nécessité.
>
> Au cours des cent dernières années, notre conception de l'harmonie s'est trouvée bouleversée par le progrès du chromatisme. L'idée d'un son fondamental donné, la tonique, régissant la construction des accords et leur succession, autrement dit l'idée de *tonalité*, se transforma d'abord en idée de « tonalité élargie ». Puis assez rapidement il apparut comme douteux qu'une même note pût continuer à demeurer le centre auquel toute harmonie et toute succession d'accords devaient obligatoirement se référer. Plus tard encore, on contesta que le fait pour une tonique d'être écrite au début, à la fin ou en un point quelconque d'une œuvre, eût une importance quelconque dans la construction. L'écriture wagnérienne avait amené des changements dans le pouvoir logique et constructif de l'harmonie ; l'une des conséquences en fut ce qu'on a appelé l'*impressionnisme* de l'harmonie, particulièrement cher à Debussy [...]. Dès lors, la tonalité se trouvait déjà détrônée en pratique, sinon en théorie. Ceci n'eût peut-être pas suffi à bouleverser la technique de la composition, mais un changement radical s'avéra inévitable quand apparut, dans le même temps, une évolution qui se termina par ce que j'appelle *l'émancipation de la dissonance* » (*ibid.* : 163-64).

Dans cet extrait, on peut découvrir la nature des

[1] Dans un passage du texte de Schönberg émerge, avec une clarté étonnante, le pressentiment de re-fondation d'un langage qui deviendra *le* nouveau langage musical occidental de l'avenir : « le temps viendra où il sera absolument nécessaire, pour être admis dans la classe de composition d'un conservatoire, de montrer qu'on est capable de tirer du matériel thématique d'une série fondamentale de douze sons » (*ibid.* : 172).

acquisitions théoriques qui ont été nécessaires pour l'invention de la dodécaphonie. En effet, Schönberg décrit l'évolution de la tonalité en mettant l'accent à la fois sur le développement de la conception de la tonique, sur son histoire et sur la notion de dissonance. En particulier, il fait allusion au chromatisme de Wagner car c'est à partir de ce moment-là qu'on peut vraiment constater, comme on l'a déjà souligné, la totale « émancipation de la dissonance », à savoir l'annulation de la fonctionnalité tonale et donc sa crise. Par conséquent, la « méthode de composition avec douze sons » est perçue comme une « nécessité » qui découle directement de l'incongruité de crise. Le caractère nécessaire du passage de la crise tonale à la dodécaphonie émerge d'une manière particulièrement nette, même dans un bref extrait d'une conférence donnée par Webern le 26 février 1932. Webern déclare ainsi à propos de la relation entre la crise de la tonalité et la nouvelle conception dodécaphonique.

> « Le lien est strict, souvent gênant, mais c'est le *salut !* Nous ne sommes pour rien dans la dissolution de la tonalité et nous n'avons pas créé nous-même la nouvelle loi : elle s'est imposée à nous [...]. Il faut avoir confiance en l'idée qu'on a eue ! Rien d'autre ! » (Webern, 1980 : 139).

Dans le paragraphe suivant, on essaiera d'aborder d'un point de vue plus technique les caractères essentiels du dodécaphonisme. Pour ce faire, on définira le modèle dodécaphonique et les règles heuristiques qui ont permis son évolution.

1. *Le modèle dodécaphonique*

La dodécaphonie a donc été fondée sur l'idée de base que tous les degrés de l'échelle chromatique sont susceptibles de posséder la même fonction du point de vue hiérarchique.

Voici donc la définition de la nouvelle méthode qui a été nommée par Schönberg « *Méthode de composition avec douze sons qui n'ont d'autres parentés que celles de chaque son avec chaque autre* » (Schönberg, 1977 : 166).

> « Cette méthode consiste essentiellement dans l'emploi constant et exclusif d'une série de douze sons différents. Ce qui veut dire, naturellement, que cette série ne répète aucun son et qu'elle utilise les douze notes de la gamme chromatique, mais prises dans un ordre différent. Elle n'est en aucune façon identique à la gamme chromatique » (*ibid.*).

Cette définition constitue le modèle primordial et unique du langage sériel. En effet, par le biais d'une abstraction, on peut décrire la méthode dodécaphonique comme un ensemble d'éléments « neutres » organisés exclusivement sur la base de leurs relations mutuelles (cf. *ibid.* : 156). Cela permet de mettre en évidence la nature temporelle du modèle dodécaphonique axée sur la logique de la succession sérielle[2].

L'actualisation des révolutions musicales, comme celle des révolutions scientifiques, exige deux conditions fondamentales pour qu'une nouvelle proposition théorique prenne une position hégémonique par rapport à d'autres théories extraordinaires et devienne « paradigmatique » après l'acquisition du consensus communautaire. Premièrement, la théorie doit fournir une solution satisfaisante à l'incongruité linguistique qui a engendré la crise, ce qui constitue l'aspect innovateur des révolutions. Deuxièmement, elle doit être en mesure de résoudre une partie importante de problèmes déjà résolus précédemment, ce qui implique le rapport avec la tradition.

Dans le cadre de la révolution dodécaphonique, ces deux conditions cruciales s'équilibrent entre la rupture et une

---

[2] Il y a douze éléments dans la série dodécaphonique. Dans une phase plus avancée de l'évolution du sérialisme, les séries de nombre inférieur à douze seront également exploitées (cf. *infra*).

certaine continuité par rapport à la tonalité. La divergence se manifeste, d'abord, dans la formulation théorique du modèle primordial sériel. En effet, la motivation principale qui a induit Schönberg à l'élaboration de la méthode dodécaphonique porte sur la non-répétition des hauteurs : « la construction d'une série fondamentale de douze sons a pour objectif de retarder le plus longtemps possible le retour d'un son déjà entendu » (*ibid.* : 189). Schönberg est très explicite au sujet des raisons qui l'ont induit à organiser le nouveau langage sur la base de la non-répétition des sons.

> « Doubler une note, c'est mettre l'accent sur elle et mettre l'accent sur une note risque de la faire prendre pour une note importante, voir une tonique. Il faut proscrire tout ce qui peut risquer d'amener pareille interprétation. Même la plus petite réminiscence de l'écriture tonale causerait ici la confusion, car elle créerait un faux sentiment d'attente de certaines conséquences et de certains prolongements. L'usage d'une tonique est un leurre si l'on n'en tire pas toutes les conséquences qui sont liées aux parentés inhérentes à la tonalité » (*ibid.* : 167).

Le même principe instruit aussi l'organisation formelle des œuvres dodécaphoniques.

> « On ne doit pas utiliser plus d'une série dans une même œuvre, parce que la même note se trouverait répétée trop tôt dans deux séries différentes contiguës. Le danger se présenterait encore d'interpréter cette note comme une tonique. En outre, l'effet d'unité s'en trouverait amoindri » (*ibid.*).

Schönberg, aux débuts de l'expérience dodécaphonique, était particulièrement rigoureux dans l'application des normes de non-répétition des sons et appliquait ce principe jusqu'aux parties contrapuntiques. Ce souci théorique, de l'ordre de l'écriture musicale, exerçait son influence même sur l'élaboration de la série principale car elle devait répondre aux réquisits de prégnance sonore au niveau des transpositions et des formes à miroir (*ibid.* : 178). On retrouve cette austérité contrapuntique dans les premières œuvres dodécaphoniques de Schönberg comme, par exemple, la *Suite* op. 25 (1921) pour piano (exemple 1) et les *Variations* op. 31 (1926-1928) pour orchestre (cf. *ibid.* : 179)[3]. Dans les *Variations* op. 31, en particulier, l'auteur met en relief la singularité, du point de vue historique, de l'écriture orchestrale caractérisée par une sonorité à « couleurs pures » et à « teintes plates », résultat direct de la prescription des doublements d'octave (*ibid.* : 181-82). De plus, bien évidemment, « dans la composition avec douze sons, on évite autant que possible les consonances (accords parfaits majeurs et mineurs) et aussi les dissonances les plus simples (accords de quinte diminuée et accords de septième), autrement dit tout ce qui a constitué jusqu'ici le flux et le reflux de l'harmonie » (*ibid.* : 155). Il faut cependant souligner qu'au cours de l'évolution du dodécaphonisme, les prescriptions très strictes concernant le doublement d'octave et aussi l'usage des accords de l'harmonie tonale se sont assouplies (cf. *ibid.* : 187).

Si la rupture par rapport au langage tonal porte sur des aspects concernant directement le niveau structural du nouveau système dodécaphonique, l'héritage de la tradition s'exprime à un niveau différent, qu'on peut définir plutôt comme « super-structurel ». On trouve les symptômes de cet héritage dans plusieurs expressions employées par Schönberg qui font allusion à la tradition tonale. Dans la version de *La composition avec douze sons* de 1923, il associe la série au motif, entité fondamentale de la tradition phraséologique classique (cf. *ibid.* : 156). Dans la version de l'article qui date de 1941, il fait appel à la catégorie de la gamme de la tonalité pour mettre en relief les potentialités de la série à engendrer

[3] Le *Walzer* des *Cinq pièces pour piano* op. 23 (1920-1923), le *Sonetto* de Francesco Petrarca pour baryton de la *Sérénade* op. 24 (1921-1923) et la *Suite pour piano* op. 25 constituent les premiers essais dodécaphoniques.

Ex. 1. A. SCHÖNBERG, *Suite pour piano* op. 25
Prélude, mesures 1-3

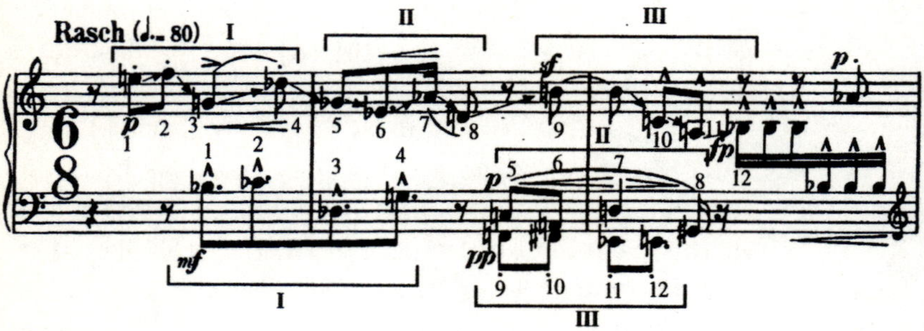

Ex. 2. A. BERG, Série du *Concerto pour violon*

« de nombreuses figurations, de fragments mélodiques et de mélodies, de traits ascendants et descendants, et même d'accords brisés » (*ibid.* : 166). Et encore, dans l'analyse de son *Quintette pour instruments à vent* op. 26 (1923-1924), il définit la série comme « thème principal du premier mouvement », ce qui renvoie explicitement à la tradition phraséologique et morphologique traditionnelle (*ibid.* : 174, cf. aussi 178). Il faut souligner que, comme dans le cadre scientifique du changement paradigmatique, il est typique que les nouveaux systèmes musicaux assimilent une grande partie du vocabulaire de la tradition précédente. Cependant, les termes anciens, dans le nouveau cadre théorique, acquièrent toujours des significations différentes, conformes à la nouvelle orientation.

En revanche, d'autres aspects plus substantiels de la tonalité, que l'on retrouve notamment dans quelques compositions sérielles de Schönberg et de Berg, ont une importance théorique majeure par rapport à l'héritage technico-linguistique traditionnel. Dans le *Quintette pour instruments à vent* op. 26 de Schönberg, par exemple, la méthode dodécaphonique est appliquée aux formes classiques. On y trouve la forme-sonate (premier mouvement), où la polarisation tonale est remplacée par des matériaux thématiques contrastants ; le deuxième mouvement est un Scherzo avec le Trio central ; la forme tripartite (ABA) caractérise le troisième mouvement tandis que le quatrième mouvement est un Rondo où le thème est varié à chaque refrain (cf. *ibid.* : 173-78).

Autre exemple, la série dodécaphonique du *Concerto pour violon* (1935) d'Alban Berg est caractérisée par des incidences tonales évidentes (exemple 2). En effet, on peut considérer les notes 1, 3, 5 et 7, correspondant aux cordes du violon, comme les fondamentales de quatre accords tonals : *sol* mineur, *ré* majeur, *la* mineur et *mi* majeur (les dernières notes de la série constituent un fragment d'échelle hexatonale).

Ainsi, la présence de quelques caractères du langage tonal, dans les œuvres de la première phase historique du sérialisme, témoigne du besoin de la part des compositeurs innovateurs comme Schönberg, Berg et Webern, de rendre opérationnel le nouveau langage musical par le biais des points de repère forts de la tradition. La légitimation et l'évolution du sérialisme montrent que les premiers compositeurs sériels, et en particulier Schönberg, ont su arbitrer entre respect de la tradition et volonté iconoclaste.

Les formes à miroir de la série (l'inversion, la rétrogradation et la rétrogradation de l'inversion), conjointement aux transpositions, représentent les règles heuristiques fondamentales du langage sériel. Les formes à miroir de la série sont des repropositions de la série fondamentale transformée sur la base de critères de symétrie (à miroir). L'inversion porte sur la présentation de la série fondamentale par intervalles mélodiques contraires (cf. exemple 3 : le premier intervalle de la série fondamentale, la sixte mineure descendante, devient sixte mineure ascendante et ainsi de suite pour tous les autres intervalles). La rétrogradation comporte la réproposition de la série fondamentale à rebours : du dernier élément jusqu'au premier. Enfin, la rétrogradation de l'inversion consiste dans la même procédure appliquée à la série d'inversion (exemple 3)[4].

Dans le paragraphe suivant, on verra que l'évolution du langage sériel est entièrement fondée sur des processus de dérivation à partir du modèle primordial en association avec les règles heuristiques fondamentales. Ces processus ont eu comme objectifs essentiels, dans un premier temps, l'exploitation de toutes les possibilités d'articulations des paramètres acoustiques. Ensuite, dans la phase la plus avancée du sérialisme, ils ont été appliqués à des paramètres

---

[4] Exemple 3 : il s'agit des séries du *Quintette pour instruments à vent* op. 26 de Schönberg (cf. Schönberg, 1977 : 171).

Ex. 3. Série fondamentale et formes à miroir

Fondamentale

Inversion

Rétrogradation

Rétrogradation de l'inversion

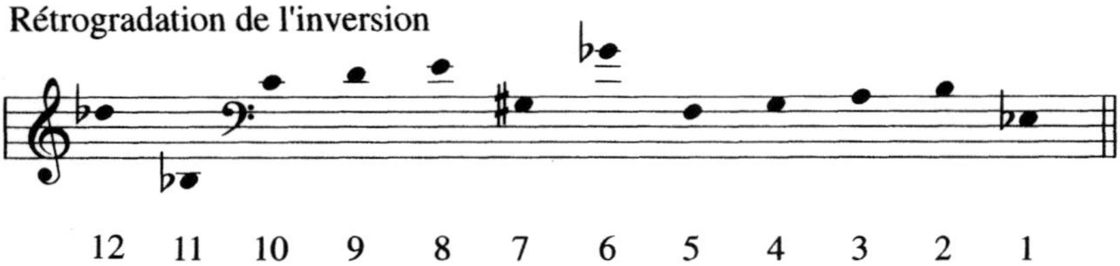

structuraux complexes et à la forme. Enfin, dans le dernier paragraphe, on verra comment ces processus de dérivation ont abouti à la crise de la sérialité.

2. *L'évolution de la sérialité*

Le concert extraordinaire, organisé le 25 juillet 1953, aux *Ferienkurse* de Darmstadt, où furent exécutées les œuvres 5, 7, 9, 11 et 23 de Webern, représente un moment historique important pour la musique sérielle. En effet, cet évènement emblématique marque la réhabilitation d'après-guerre de la musique sérielle et symbolise le « baptême » de la nouvelle génération de compositeurs sériels dénommée « postwebernienne » (Borio, 1989 : 186).

Webern incarne la figure la plus « avant-gardiste » et la plus « ésotérique » de l'Ecole de Vienne. Ses œuvres ont contribué à l'évolution du langage sériel et ont indiqué le chemin vers la sérialité intégrale. Cependant, il faut préciser que ses compositions sérielles s'articulent sur la base de la technique dodécaphonique telle que l'avait théorisée Schönberg. Comme on le verra dans le chapitre VI, l'image actuelle de Webern est étroitement liée à la perception de sa production artistique par les compositeurs sériels de la génération suivante. En effet, certains aspects de son style dodécaphonique, comme la structuration de l'ensemble des douze sons par micro-séries et la fragmentation rythmique et instrumentale, ont orienté la recherche vers l'extension du modèle sériel à tous les paramètres. Par conséquent, ce n'est que dans un cadre théorique plus avancé et déjà amplement légitimé, à savoir le sérialisme des années cinquante, que les jeunes compositeurs sériels ont pu interpréter et approfondir les innovations introduites par Webern.

Kreuzspiel (1951), pour hautbois, clarinette basse, piano et trois percussions, est une œuvre de Karlheinz Stockhausen composée selon la technique de la sérialité intégrale. Dans la première des trois sections de *Kreuzspiel*, le panchromatique est présenté au piano dans les deux registres extrêmes : un groupe de hauteurs (*mi* bémol, *ré*, *mi*, *sol*, *la* et *la* bémol) à la main droite et un autre (*ré* bémol, *do*, *si* bémol, *fa*, *si* et *sol* bémol) à la main gauche. Les valeurs de durée sont au nombre de douze tandis que les indications d'intensité sont au nombre de sept : *pp, p, mp, mf, f, ff* et *sfz* (cf. Bortolotto, 1969 : 54).

Dans cette composition, l'extension du modèle sériel aux paramètres d'intensité et de durée présente une nouveauté d'intérêt historique. En effet, Stockhausen n'applique pas la série des douze sons à tous les paramètres. Cette application systématique des douze éléments était en fait un dogmatisme engendré par le système tempéré des douze hauteurs. À la même époque, Bruno Maderna, dans l'œuvre *Studi per « il Processo » di Franz Kafka* (1950) et Pierre Boulez, dans *Structures I* (1955), adoptaient ce pur schématisme pour leurs compositions sérielles. La comparaison du projet sériel des œuvres de Maderna et de Boulez, par rapport à celui de *Kreuzspiel*, met en évidence la complexité d'actualisation des processus de dérivation qui aujourd'hui nous semblent tout à fait linéaires (voire banaux), mais qui, à l'époque, soulevaient sûrement des résistances importantes du point de vue conceptuel.

Une autre œuvre de Stockhausen, *Kontra-Punkte* (1952-1953), présente une application encore plus évoluée du modèle sériel. Il s'agit d'une composition sérielle intégrale. La série des hauteurs exploite le panchromatisme tandis que les éléments de la série des durées, comme les composantes de la série des intensités (de *ppp* à *f*), sont au nombre de six. De même, le timbre est sérialisé selon le même ordre numérique. Les six « classes timbrales » sont composées par (1) la flûte et le basson, (2) la clarinette et la clarinette basse, (3), la trompette et le trombone, (4) le violon et le violoncelle, (5) le piano et (6) la harpe en tant que timbres individuels. Les modes d'attaque sont au nombre de cinq :

appoggiato (-), *normale*, *crescendo* (<), *sforzato* (>), *crescendo e diminuendo* (<>). Enfin, les valeurs métronomiques sont au nombre de sept (cf. Bortolotto, 1969 : 56).

La stratégie compositionnelle de *Kontra-Punkte* présente une nouveauté importante. En effet, la sérialisation de tous les paramètres est exploitée dans l'ensemble selon un principe statistique : dans cette œuvre on ne trouve pas deux sons égaux. Si deux sons ont la même hauteur, le timbre ou la durée ou l'intensité doivent varier (cf. Borio, 1989 : 189). Ainsi, Stockhausen dépasse en quelque sorte le principe sériel en adaptant la série au service de la logique combinatoire. Ce type de stratégie compositionnelle — légitimée d'un point de vue théorique et exploitée d'une manière systématique et approfondie par Iannis Xenakis — caractérisera largement la production musicale de la phase extraordinaire après la crise du sérialisme. Cela indique donc l'importance et la validité des choix compositionnels de Stockhausen orientés déjà, peut-être, vers le chemin futur de la musique savante occidentale[5].

Les œuvres sérielles de Luigi Nono ont contribué remarquablement à l'évolution du langage sériel, notamment en ce qui concerne l'utilisation de la série d'intervalles (*Allintervallreihe*) et la règle heuristique de la rétrogradation appliquée à la forme. La série d'intervalles, c'est-à-dire la série portant sur l'exploitation totale des onze intervalles, constitue un des piliers stylistiques de la musique sérielle de Nono (exemple 4).

Cette technique a été employée dans les œuvres *Canti per*

---

[5] *Achorripsis*, de Iannis Xenakis, composée entre 1956 et 1957, est une œuvre axée sur des procédures compositionnelles de type probabiliste. En effet, le développement du langage sériel des années cinquante, comme on le verra, a rapidement abouti à la crise du sérialisme généralisé. C'est pourquoi la production de ces années est caractérisée à la fois par les derniers essais sériels et par les nouvelles propositions de Xenakis et de John Cage, tout à fait contrastantes par rapport à la pensée sérielle.

Ex. 4. Série d'intervalles

Ex. 5. K. STOCKHAUSEN, *Klavierstück* n. 2, I

13 (1955), *Canto Sospeso* (1955-1956) et *Cori di Didone* (1958). Borio observe que cette procédure compositionnelle annule entièrement l'aspect phraséologique et thématique de la série et engendre, dans l'écriture orchestrale de Nono, un effet de masse sonore structurée sur la densité et sur l'intensité (Borio, 1987 : 87, cf. aussi Bortolotto, 1969 : 105).

De plus, Nono renonce également à l'extension dogmatique du principe sériel à tous les paramètres et aussi aux techniques traditionnelles de permutation à miroir de la série. En revanche, il utilise d'une façon innovante la rétrogradation. En effet, dans l'œuvre *Canti per 13*, Nono transpose le principe de la rétrogradation du domaine usuel de la micro-forme (la série) à celui de la macro-forme. Ainsi, en ce qui concerne les deux mouvements des *Canti per 13*, la seconde partie de chaque mouvement est le rétrograde symétrique de la première partie, exception faite pour l'organisation des timbres qui changent de façon libre, c'est-à-dire sans respecter aucun critère spéculaire (cf. Borio, 1987 : 87-88).

De même, l'organisation spéculaire de la forme caractérise l'œuvre *Incontri* (1955) pour vingt-quatre instruments. La seconde moitié de la composition (mesures 109-217) est l'exacte rétrograde de la première. Dans ce type de formalisation on trouve déjà, de façon embryonnaire, l'idée du polycentrisme qui caractérisera la dernière production musicale de Nono (cf. Borio, 1987 : 88).

Ainsi, on peut affirmer, avec Borio, que la musique sérielle de Nono non seulement s'écarte de la pratique sérielle des années cinquante, mais qu'elle fait pressentir déjà la crise du sérialisme intégral (*ibid.* : 79). Dans le paragraphe suivant, on se consacrera à l'étude des incongruités structurelles qui ont engendré cette crise.

3. *La crise de la série généralisée*

L'extension du principe sériel à différents niveaux de la construction musicale, dans un premier temps à tous les paramètres acoustiques, ensuite aux autres paramètres structuraux, comme les modes d'attaque, la combinatoire paramétrique et la forme, a finalement abouti à la crise du langage sériel. Les raisons de cette crise sont étroitement liées à l'évolution du langage sériel. En effet, les dérivations du modèle sériel, en relation notamment avec les paramètres acoustiques fondamentaux, ont engendré la saturation des possibilités de développement de ce langage. Autrement dit, l'application de la logique sérielle à tous les paramètres acoustiques et structuraux a conduit assez rapidement à l'exploitation de toutes les potentialités logiques du système, ce qui a abouti à l'affaiblissement de son efficacité communicative.

La critique de Nicolas Ruwet sur l'efficacité communicative du sérialisme intégral porte sur une caractéristique importante des langages : la distinction entre composantes différenciées et composantes indifférenciées dans les systèmes de communication (Ruwet, 1972 : 26). Ruwet établie un parallèle entre le langage musical et la langue naturelle. Les deux constituent formellement un système de systèmes (*ibid.* : 30). Dans cette perspective d'analyse, Ruwet met en relief le déséquilibre immanent au sérialisme intégral.

> « Que signifie au juste cette généralisation du principe sériel ?
>
> Elle signifie que l'on conçoit les rapports entre les différents systèmes partiels simplement sous la forme du *parallélisme*, c'est-à-dire sous la forme la plus primitive qui soit. On conçoit qu'un même principe simple est à l'œuvre dans chaque système partiel pris séparément. En fait, normalement, dans un système musical, comme dans un système linguistique ou un système de parenté, les différents sous-systèmes sont dans des rapports beaucoup plus complexes, des

rapports d'implication mutuelle, de complémentarité, de compensation, etc. » (*ibid.*).

L'uniformité de la série généralisée est la conséquence de la recherche obsessionnelle d'une nouvelle unité après la crise du système tonal qui, comme on l'a vu, avait caractérisé la genèse du langage sériel. À ce propos, Schönberg mettait en évidence dans son article intitulé *La composition avec douze sons* qu'une des fonctions primordiales de la série est justement « d'assurer l'unité » (Schönberg, 1977 : 189). Ruwet montre donc que « cette uniformité même, sur le plan du système des hauteurs, *impliquait* la mise en œuvre de principes tout à fait différents sur les autres plans si on voulait constituer un langage diversifié » (Ruwet, 1972 : 30). C'est le cas, par exemple, de la musique dodécaphonique de Webern, où si les hauteurs sont organisées selon la logique des douze sons, les autres paramètres se différencient par le biais d'une organisation tout à fait différente (cf. *ibid.* : 30-31 et chapitre VI).

Afin d'expliquer la notion de différenciation dans les systèmes de communication, Ruwet fait appel à des considérations d'ordre phonologique. En particulier, il fait allusion aux « notions corrélatives d'*opposition phonologique* (ou *opposition distinctive*), de *phonème*, et de *variante facultative* » (*ibid.* : 33). La différence entre les notions d'opposition distinctive et de variante facultative porte notamment sur la distinction entre la langue et la parole. C'est-à-dire que dans la prononciation d'un mot, par exemple, toutes les particularités phonologiques individuelles et subjectives — qui n'en modifient pas la signification — font partie des variantes facultatives, tandis que les différences structurales de type phonématique sont de nature distinctive (cf. Troubetzkoy, 1967 : 33 et suiv.). La notion de *marge de sécurité* est essentielle pour comprendre la fonction de l'opposition distinctive dans les systèmes de communication. En effet, si la parole peut présenter de nombreuses variantes d'un même phonème, « le langage tend à maintenir certaines marges entre les différentes variantes des différents phonèmes, dans le but d'éviter le plus possible la confusion et d'assurer le maximum de cohérence » (Ruwet, 1972 : 34).

Or, les œuvres composées selon la technique de la série généralisée ont la caractéristique de présenter trop d'oppositions distinctives à tous les paramètres.

> « Comme conséquences de ce trop grand nombre d'oppositions, il y a d'abord des oppositions voulues entre éléments trop voisins les uns des autres pour que la *marge de sécurité* soit suffisante : les différences entre les éléments apparaîtront comme facultatives » (*ibid.* : 36).

Prenons, avec Ruwet, l'exemple de la première pièce du *Klavierstück* n. 2 (1954) de Karlheinz Stockhausen (exemple 5). En ce qui concerne le paramètre des hauteurs (dernière mesure du système), les triples croches de la première subdivision (7 : 8) sont équivalentes à 2/35 de la durée totale de la mesure, tandis que les triples croches du second regroupement irrégulier (11 : 12) ont une durée de 3/55 par rapport au total. Le paramètre des intensités présente les valeurs suivantes : *ff*, *fff* et *sffz*. Ce type de construction présente donc une opposition non-distinctive au niveau de l'articulation musicale, à savoir une marge de sécurité de la différentiation trop réduite. Ainsi, « le résultat de tout ceci est que l'auditeur ne percevra guère qu'une sorte de rafale assez indifférenciée » (*ibid.* : 37).

La célèbre critique de la musique sérielle d'Iannis Xenakis, dans l'article *La crise de la musique sérielle* (1955), à partir de prémisses différentes par rapport à celles de Ruwet, parvient pourtant aux mêmes conclusions. Son raisonnement présente comme point de départ les acquisitions des compositeurs dodécaphoniques de la première phase historique du sérialisme (Schönberg, Berg et

Webern). En particulier, Xenakis remarque au début du système sériel que l'effort d'organisation — visant à bâtir une nouvelle unité et cohérence — était centré sur le seul paramètre des hauteurs, tandis que les autres paramètres avaient une fonction complémentaire. Ainsi, la forme était élaborée exclusivement sur une conception de polyphonie linéaire : « la forme, en dernière analyse, n'est que l'ensemble des « manipulations » multilinéaires de la série fondamentale » (Xenakis, 1994 : 39). Le premier mouvement de la *Symphonie* op. 21 de Webern constitue un exemple très efficace de ce type de construction (cf. chapitre VI).

L'extension du principe sériel à tous les paramètres, en association avec l'évolution des appareils électromagnétiques et électroniques de production du son, a eu, d'après Xenakis, une influence fondamentale sur la crise du langage sériel (cf. *ibid.* : 40). En effet, les compositeurs sont désormais en mesure de produire des compositions sérielles d'une complexité extrême. Mais c'est justement la multiplicité et la prégnance de ces possibilités qui devient la cause de la crise du système sériel, car la « catégorie linéaire » de la pensée sérielle, la catégorie fondatrice du système, se trouve complètement annulée.

> « La polyphonie linéaire se détruit d'elle-même par sa complexité actuelle. Ce qu'on entend n'est en réalité qu'amas de notes à des registres variés. La complexité énorme empêche l'audition de suivre l'enchevêtrement des lignes et a comme effet macroscopique une dispersion irraisonnée et fortuite des sons sur toute l'étendue du spectre sonore. Il y a par conséquent contradiction entre le système polyphonique linéaire et le résultat entendu, qui est surface, masse » (*ibid.* : 41)[6].

---

[6] György Ligeti, dans sa critique à la sérialité intégrale (1960), arrive à des conclusions tout à fait semblables. En particulier, il met l'accent sur la similarité entre les fruits d'une pensée rigoureusement systématique et les produits du hasard. Ainsi, on parvient au paradoxe de la correspondance

La contribution constructive de Xenakis le portera à utiliser le « calcul combinatoire » pour la production musicale. Cette conception des phénomènes sonores de masse fait donc partie de la phase extraordinaire après la crise du langage sériel. Ainsi, le système dodécaphonique fondé par Schönberg parvient assez rapidement à un état de saturation et d'indifférenciation linguistique s'exprimant dans l'homogénéité absolue de la série généralisée.

Les processus historiques décrits ont permis de mettre en relief le rôle fondamental de la composante communautaire dans l'évolution du langage sériel. En effet, comme on a pu le constater, les compositeurs sériels, en particulier les post-weberniens, ont su exploiter d'une manière intensive les possibilités structurelles relativement limitées du système, tout en exerçant une influence importante sur la musique savante européenne et internationale.

---

entre la détermination totale et la totale indétermination (Ligeti, 1985 : 229-30).

PARTIE II

ANALYSE

CHAPITRE IV

JOHANNES BRAHMS SIMPLICITE ET COMPLEXITE DANS *DER FRÜHLING* (*SIX CHANTS* OP. 6, N. 2)

Cette étude propose un parcours méthodologique qui a pour but d'expliciter, dans un premier temps, l'organisation du niveau microscopique (les unités minimales du discours musical) pour aboutir ensuite à une vision du niveau macroscopique (la forme) en passant par le niveau de structuration intermédiaire.

L'analyse de *Der Frühling* pose au préalable deux problèmes méthodologiques : le premier consiste à définir une hiérarchie entre les deux lignes de développement de la composition (la voix et le piano), le second étant de classer des unités minimales morphologiquement assez homogènes.

La définition d'une ligne hiérarchique ne constitue pas forcément une contrainte méthodologique dans ce type de cas, à savoir lorsque deux ou plusieurs lignes de déroulement se superposent. En effet, différentes « couches structurelles » peuvent coexister tout en gardant la même valeur constructive pour l'œuvre. Cependant, le lied *Der Frühling* représente un exemple de composition où l'une des deux lignes est manifestement complémentaire par rapport à l'autre.

En ce qui concerne la seconde question, l'ensemble des unités minimales — à la voix comme au piano — pourrait se réduire à un modèle unique. Cependant, tout en considérant que la relation entre modèle et dérivations a pour but la description de la génération et de l'articulation des unités de sens, on préfère orienter l'analyse sur la distinction entre plusieurs modèles différents. Cela nous permettra à la fois d'éclaircir davantage et plus aisément la construction et la structure formelle de l'œuvre et de mieux circonscrire les règles et les normes heuristiques.

La possibilité d'étudier la composition entière par l'élaboration d'un seul modèle analytique est mise en évidence par la description de la structure temporelle commune à presque toutes les unités. En effet, elles sont toutes bâties, d'une manière directe ou indirecte, sur l'assise temporelle de 3/8, correspondant à une des deux temps de la mesure (6/8). De plus, la plupart d'entre elles exploitent la pulsation de croche à l'intérieur de cette cellule métrorythmique, ce qui donne globalement une pulsation rythmique constante tout au long de la pièce.

1. *Les modèles fondamentaux : le piano*

La première unité de l'œuvre (*a*) est donnée au piano dans l'anacrouse initiale (exemple 1, cf. aussi exemple 20). Sa forme microscopique, commune à toutes les unités dérivées de la même classe, porte sur deux voix structurelles (à la main droite) et une voix doublée à l'octave (à la main gauche). La mélodie, qui focalise le principe constructif du modèle (cf. *infra*), présente la succession noire-croche, la voix intermédiaire exploite la pulsation de croche tandis que la basse garde la durée d'un temps.

Le principe constructif du modèle repose donc sur la logique de l'appoggiature. La dérivation *a*, en tant qu'occurrence individuelle du modèle, représente un cas

Ex. 1. Dérivation *a*

Ex. 2. Dérivation a^1

Ex. 3. Dérivation a^2

particulier de ce principe. En effet, l'analyse circonscrite à cette unité isolée montre, au niveau de la configuration mélodique, tout simplement la fondamentale de l'accord suivie par la septième (la deuxième et la troisième croche de la voix interne sont des notes appartenant à l'accord). L'analyse de l'ensemble des dérivations *a* éclaircira son appartenance au même modèle.

La dérivation a^1 fait sa première apparition à la mesure 4 (exemple 2). Cette fois-ci, le principe compositionnel est explicite : la mélodie présente l'appoggiature de la fondamentale et sa résolution.

La dérivation a^2 (mesure 1) est structurée sur l'appoggiature de la tierce (exemple 3).

La dérivation a^3 (mesure 1) est fondée sur l'appoggiature de la quinte (exemple 4).

Ainsi, ce qu'on peut déduire pour l'instant à propos du modèle *a* c'est que sa règle heuristique fondamentale porte sur l'exploitation intégrale des possibilités du critère mélodique d'appoggiature et résolution sur toutes les notes de l'accord (fondamentale, tierce, quinte et septième).

Une remarque s'impose à propos de la combinaison entre fondamentale et septième qui caractérise notamment la dérivation *a*. En effet, le principe de l'appoggiature implique la succession d'une note étrangère suivie d'une note appartenant à l'accord. Or, la succession fondamentale-septième, à ce stade historique de l'évolution harmonique, comporte deux notes appartenant à l'accord. Cependant, pour mieux comprendre les potentialités et la richesse du modèle *a*, il faut relier brièvement le discours à l'évolution de l'harmonie tonale, notamment à la cristallisation des septièmes par rapport au noyau de trois sons. En effet, aux origines de l'harmonie tonale, la septième ne faisait pas partie de l'accord, par conséquent elle faisait l'objet d'une attention particulière de la part des compositeurs du point de vue contrapuntique, exactement comme les autres notes étrangères au système. Ce n'est donc dans cette perspective

Ex. 4. Dérivation a^3

Ex. 5. Dérivation $a^{f\text{-}n}$

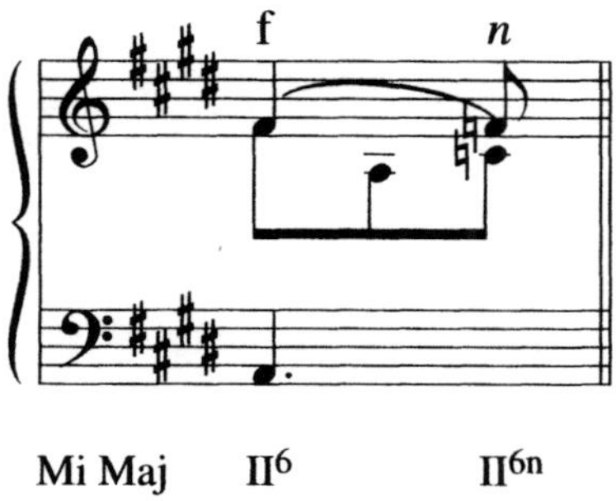

Ex. 6. Dérivation $a^{n\text{-}7}$

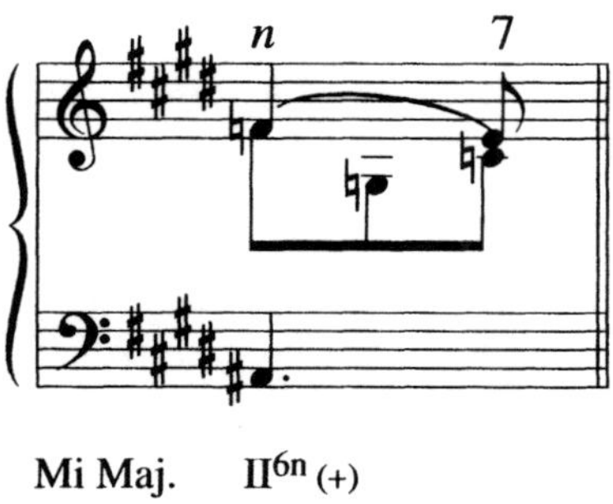

critique que la dérivation *a* peut être pleinement expliquée comme l'effet d'une application particulière de l'heuristique du modèle, portant notamment sur une conception étendue de l'appoggiature, ce qui, de plus, met en évidence l'importance cruciale de la conscience historique de l'évolution de l'harmonie de la part du compositeur.

La composition se déroule jusqu'à la mesure 6 uniquement sur la base des unités déjà décrites. À la mesure 7, on trouve deux nouvelles dérivations du même modèle qui témoignent d'une extension ultérieure de l'heuristique.

L'unité $a^{f\text{-}n}$ exploite d'une manière tout à fait innovante et inattendue le potentiel du modèle (exemple 5). En effet, dans cette nouvelle formulation, Brahms fait appel à la diminution chromatique de la fondamentale de l'accord par l'emploi de l'accord de sixte napolitaine. L'originalité de ce choix réside dans l'application du principe fondamental d'articulation mélodique du modèle à une note unique de l'accord, alors qu'elle semblait se limiter aux possibilités déjà assez riches référées à deux notes ayant une fonction différente. De plus, la juxtaposition du degré II et de l'accord de sixte napolitaine a comme conséquence l'introduction dans l'œuvre d'un procédé compositionnel chromatique.

L'émergence de ce procédé est immédiatement prise en compte dans l'unité de l'exemple 6. Cette dérivation approfondit la précédente ouverture harmonique en appliquant la combinaison entre fondamentale et septième, déjà rencontrée précédemment, à l'accord de sixte napolitaine (le *sol* bécarre est la neuvième de l'accord avec fonction de note de passage). Cependant, Brahms ne se limite pas à une exploitation conventionnelle de l'harmonie napolitaine, mais il rajoute une altération chromatique à la basse. Cette altération confirme non seulement l'introduction du principe chromatique avec fonction structurelle, mais semble présenter aussi des implications harmoniques importantes du point de vue du style par rapport notamment au stade évolutif atteint par le langage tonal de l'époque (cf. *infra*).

La dérivation *b* introduit un nouveau critère de construction (exemple 7). On peut ainsi envisager *b* comme nouveau modèle en raison de deux éléments de différentiation par rapport au modèle *a* : la réduction du poids sonore et la configuration en arpège. Il faut néanmoins remarquer que la dérivation *b* peut être quand même considérée comme une dérivation du modèle *a*. En effet, si dans une unité dérivée du modèle *a* on fait abstraction de l'élaboration mélodique, on remarquera que l'arpège est implicite à sa configuration, d'autant plus que le modèle *b* développe un aspect marginal de *a* : la note de l'accord avec fonction de pédale. Dans ce cas, les notes avec fonction de pédale sont au nombre de deux (le *si* et le *mi*). La dérivation $b^{ét}$ présente la même construction mais avec une note étrangère (chromatique) en tête et à la basse (exemple 8).

L'unité b^{1} (exemple 9) est elle aussi une dérivation du modèle *b* (mesure 26). Cette fois-ci les notes de l'accord composent l'arpège. Concernant la question méthodologique de la familiarité des modèles, on remarquera deux aspects de l'écriture communs au modèle *b* et au modèle *a* : premièrement, la deuxième note de la voix centrale (doublée à la basse) est une note pédale de l'accord ; deuxièmement, la note mélodique supérieure a subi un allongement de sa durée.

La dérivation b^{2} (mesure 36) dérive du modèle *b* (exemple 10). Dans ce cas, la dérivation implique, d'un côté, un processus de simplification par rapport au modèle *b*, de l'autre, un processus d'hybridation avec le modèle *a*. En effet, la dérivation b^{2} se présente, pour la première fois, sous forme homorythmique et donc en quelque sorte sous forme simplifiée, par rapport aux précédentes formulations en arpège (modèle *b*). La composante propre au modèle *a* porte sur l'appoggiature inférieure à la mélodie (le modèle *a* exploitait uniquement l'appoggiature supérieure). On peut raisonnablement supposer qu'ici le principe chromatique, précédemment introduit, est encore opérationnel : l'appoggiature inférieure, conformément à son usage le plus

Ex. 7. Dérivation *b*

Ex. 8. Dérivation *b*[ét]

Ex. 9. Dérivation *b*[1]

Ex. 10. Dérivation b^2

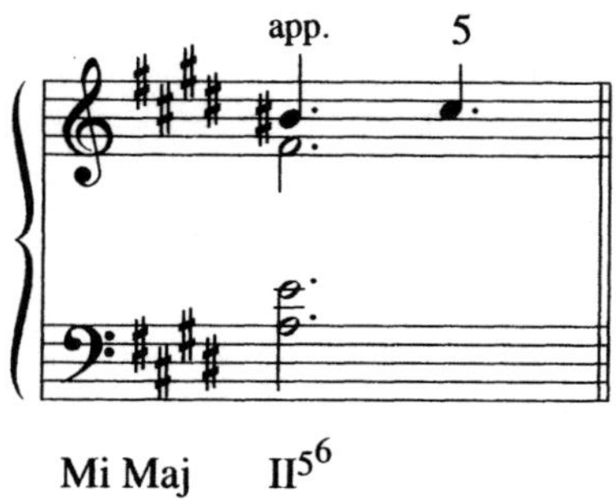

Ex. 11. Dérivation *c*

Ex. 12. Dérivation $x^{ar=a}$

Ex. 13. Dérivation $x^{ar=b}$

Ex. 14. Dérivation *d*

Ex. 15. Dérivation d^{1}

Ex. 16. Dérivation d^2

Ex. 17. Dérivation d^3

Ex. 18. Dérivation *e*

Ex. 19. Dérivation *f*

conventionnel, est généralement à la distance d'une seconde mineure (chromatique ou diatonique) par rapport à la note de résolution[1].

Le dernier modèle exploité pour la construction de la partie pianistique, le modèle *c*, est encore une fois le produit de l'hybridation entre le modèle *a* et, d'une manière moins importante, le modèle *b* (exemple 11). Sa conception porte très simplement sur une disposition des notes de l'arpège différente par rapport aux possibilités du modèle *b*.

Les dérivations *x* ont une fonction de connexion des sections plus vastes de la composition.

L'unité $x^{ar=a}$ (mesure 12) est une dérivation hybride entre le modèle *a* et le modèle *b* (exemple 12). Dans l'ensemble, elle garde la même structure que celle des dérivations *a*, à l'exception de la mélodie qui emploie la formule en arpège à la place de la logique d'appoggiature.

La dérivation $x^{ar=b}$ (mesure 17) peut être assimilée à la fois au modèle *b* et au modèle *c* (exemple 13).

2. *Les modèles complémentaires : la voix*

Les unités minimales de la partie vocale ont une morphologie différente des unités de la partie instrumentale. À première vue, les unités de la voix se présentent selon une configuration rythmique plus étalée dans le temps par rapport aux unités pianistiques.

La dérivation *d* (mesures 8-12) est caractérisée par la répétition de la partie initiale (exemple 14). Les trois fragments de la dérivation *d*, séparés par des silences, sont caractérisés par la croche en levé, ce qui contraste efficacement par rapport à l'accompagnement pianistique même si elle est effectivement calquée sur le profil

[1] L'appoggiature descendante revient à la mesure 38 (b^2) à la voix interne (main droite).

mélodique des unités au piano. En particulier, sa partie finale peut être considérée comme une dérivation du modèle *b* en raison de sa conception en arpège.

La dérivation d^1 (mesures 12-16) présente la re-proposition de la partie initiale de la dérivation *d* en forme presque inchangée (exemple 15). En revanche, le fragment final est modifié d'une façon intéressante. En effet, à la place de l'articulation par arpège, on retrouve ici le mouvement mélodique (descendant) par degrés conjoints qui, comme on l'a vu précédemment, caractérisait un nombre important d'unités instrumentales.

La dérivation d^2 (mesure 17-20) présente des modifications à la fois aux fragments initiaux et à la partie finale (exemple 16). La durée des fragments du début a été augmentée tout en gardant invariée la configuration métrorythmique, tandis que le fragment final est réduit à l'intervalle de quarte.

La dérivation d^3 (mesure 25-27) est le produit d'une simplification (exemple 17). En effet, si dans les autres dérivations *d* on trouvait essentiellement une articulation du fragment final, dans ce cas on trouve uniquement la simple réitération du fragment initial. Cette simplification intervient parallèlement à l'accroissement de complexité de la partie instrumentale (cf. *infra* les évaluations).

Les deux dernières unités minimales à la voix, *e* (mesures 31-33) et *f* (mesures 35-40), calquent strictement le profil mélodique du piano (exemples 18 et 19).

3. *La forme*

Le but de ce paragraphe est de déceler les principes compositionnels qui instruisent l'organisation du discours musical d'ordre supérieur, à savoir les critères de cohésion et de « charnière » des unités minimales déjà étudiées et classées dans les paragraphes précédents.

La logique de l'appoggiature préparée est à la base de l'articulation de la section A^4 au début de la composition (cf. figure 1).

La conséquence macroscopique la plus évidente de cette procédure porte sur le profil mélodique par mouvement conjoint descendant, associé simultanément au mouvement ascendant de la basse par degrés conjoints. La reprise par une nouvelle unité minimale *a* (caractérisée par la fondamentale en première position) marque le début d'une nouvelle section d'ordre supérieur.

À la mesure 6 (second temps), on trouve le début de la section A^4. Dans ce cas, elle commence par l'unité minimale a^1 qui est caractérisée par l'appoggiature de la fondamentale à la mélodie et non pas par la fondamentale. Cette modification n'entraîne pas des conséquences négatives à niveau de la clarté du message, au contraire elle enrichit le discours musical. En effet, après quatre répétitions de la formule du début, la possibilité structurelle d'interchangeabilité entre dérivations du modèle *a* est désormais tout à fait envisageable.

Les quatre sections initiales de type *A* présentent chacune des particularités internes intéressantes. La section A^4 à la mesure 2 (second temps) présente l'égalisation parfaite des relations intervalliques à la basse par rapport à la section A^4 du début : seconde mineure, seconde majeure et seconde majeure. La forme des deux sections est identique. L'égalisation à la basse est la conséquence d'un processus harmonique orienté : l'utilisation de la dominante d'emprunt du degré V (II+). L'attribution de la fonction de dominante au degré II a pour but de créer une dialectique de type tonique-dominante entre les deux sections du début. L'interprétation brahmsienne de cette dialectique, malgré la simplicité harmonique, n'est pas banale : l'égalisation de la basse met tout à fait en valeur ce choix.

La dominante d'emprunt est exploitée tout de suite après (mesure 4, second temps). En effet, à partir de la dominante

Fig. 1. Schéma formel

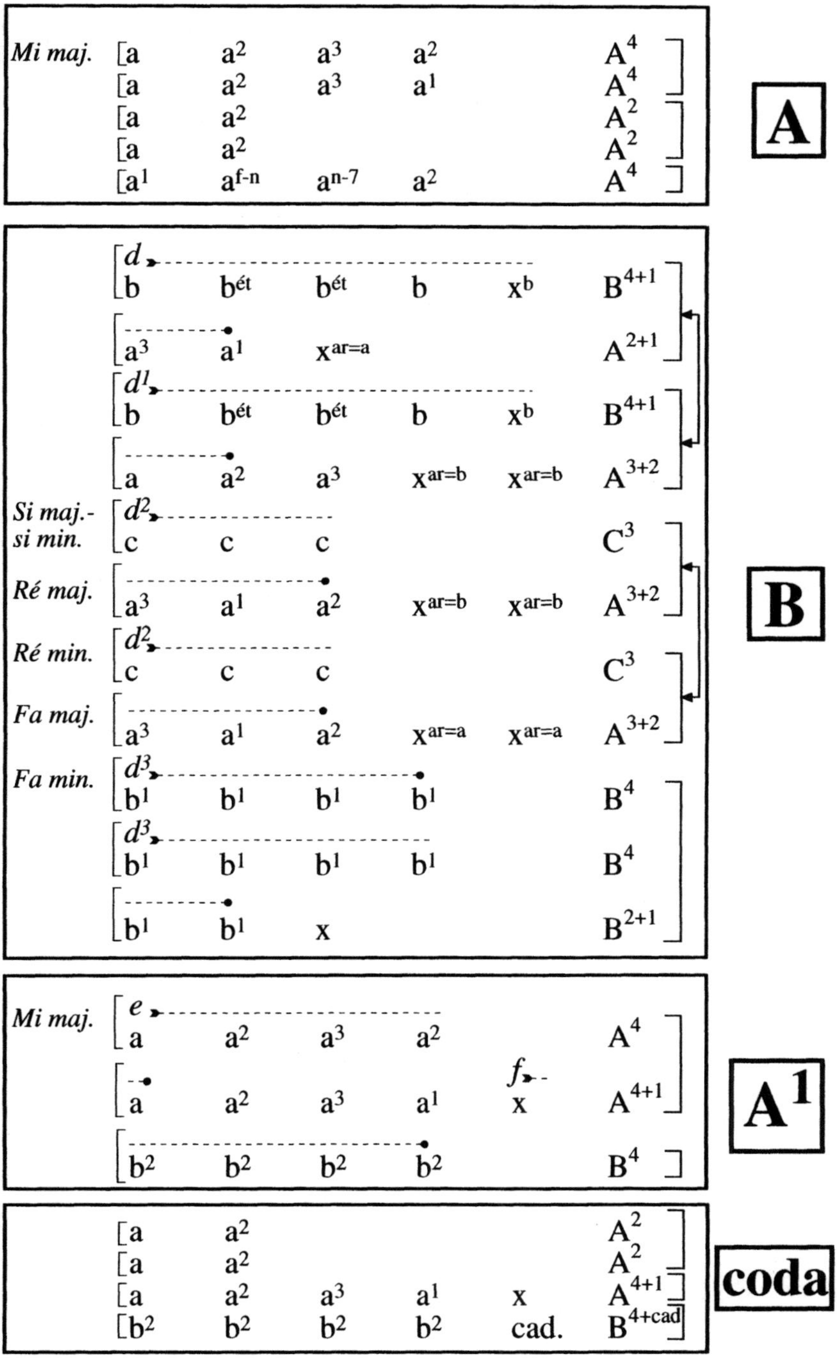

d'emprunt sur le degré VI, Brahms organise une marche parfaitement régulière du point de vue harmonique et structurel : VI+ — II et V — I. Dans ce cas, le choix harmonique affecte la forme d'une manière importante : les sections en marche (A^2) durent la moitié du temps des sections du début.

Enfin, l'harmonie « napolitaine » à la mesure 7, comme on l'a vu précédemment, confirme l'utilisation structurelle du principe chromatique. Le critère d'enchaînement des unités minimales étant le même que celui du début, ce passage permet de mettre en relief la particularité mélodique propre à la sixte napolitaine. La cadence parfaite aux mesures 8-9 (V — I) marque un moment formel important : la fin du premier grand volet de la composition (**A**) et le début du grand volet suivant (**B**) caractérisé par l'introduction de la voix.

La section B^{4+1} (mesure 9) établie une relation de double opposition avec les sections de type *A*. Premièrement, en raison du mouvement mélodique général ascendant ; deuxièmement, parce que le profil mélodique résultant de l'écriture en arpège est chromatique. Ce dernier aspect est intéressant car on trouve l'extension du principe chromatique du niveau microscopique au niveau de l'articulation supérieure. L'unité B^{4+1} est bâtie sur un rythme harmonique dilaté dans le temps (degré I), ce qui permet aussi la dilatation de la mélodie par la procédure chromatique. L'opposition du mouvement ascendant chromatique par rapport au mouvement diatonique descendant est immédiatement exploitée à la section suivante A^{2+1} (mesure 11, second temps)[2].

Le passage de la section A^{3+2} à la section C^3 (mesure 17) marque le début d'un développement harmonique modulant qui démarre avec la modulation de la tonalité de *mi* majeur à

---

[2] La comparaison des mesures 9-12 et 13-16 met en relief l'exploitation du principe d'opposition tonique-dominante par la dominante d'emprunt sur le degré II, exactement comme on l'a remarqué à propos du début de la composition (cf. *supra*).

la tonalité de *si* majeur. Cette modulation, du point de vue technique, est très élémentaire : elle emploie comme degrés pivot le V et le I, degrés *forts* des deux tonalités. Ensuite, le changement de mode (majeur-mineur) représente encore une fois une solution très simple par rapport à la complexité de la technique harmonique de l'époque.

La juxtaposition du mouvement ascendant de la section C^3 et du mouvement descendant qui caractérise la section suivante A^{3+2}, confirme ultérieurement la nature structurelle de cette procédure compositionnelle.

La modulation de la tonalité de *si* mineur à la tonalité de *ré* majeur est effectuée par une démarche harmonique encore une fois simple (mesure 19) : le degré I de *si* mineur (degré fort) devient VI en *ré*. La clarté de la cadence suivante (degrés V et I à l'état fondamental) a pour fonction de confirmer nettement la nouvelle tonalité.

Dans les mesures qui suivent, on trouve la reproduction exacte de la séquence qu'on vient de décrire mais à partir de la tonalité de *ré* mineur, ce qui engendre une très forte cohésion formelle à l'intérieur du grand volet central (**B**) de la composition (figure 2).

La section B^4 (mesures 26-27) s'articule sous une forme encore plus élaborée du principe chromatique. Au piano, la basse de l'unité minimale b^1 (et aussi la voix intermédiaire à la main droite) présente la note pédale (fondamentale du degré V en *fa* majeur), tandis que les autres parties instrumentales complètent l'harmonie. La résolution de la dominante à la tonique mineure, par rapport à cette disposition instrumentale particulière, donne comme résultat contrapuntique un accord d'appoggiature inférieure (degré V). Le changement harmonique en mineur semble confirmer cette interprétation fonctionnelle en raison de l'égalisation de tous les mouvements mélodiques individuels de la partie instrumentale et de la partie vocale (secondes mineures).

La troisième des unités minimales b^1 appartenant à la section B^4 est bâtie sur un accord de septième diminuée

Fig. 2. Séquences harmoniques parallèles

Mesures 18-21

Unités :	c	c	c	a^3	a^1	a^2	$x^{ar=b}$	$x^{ar=b}$
Si Maj. ⟶	$I_{min.}$	IV^{46}	I					
		Ré Maj.	VI	V^7	I	IV^{34}	I^6 ——	——

Mesures 22-25

Unités :	c	c	c	a^3	a^1	a^2	$x^{ar=a}$	$x^{ar=a}$
Ré Maj. ⟶	$I_{min.}$	IV^{46}	I					
		Fa Maj.	VI	V^7	I	IV^{34}	I ——	——

« d'appoggiature ». En effet, du point de vue strictement harmonique, cet accord est tout à fait étrange à la tonalité de *fa* : il se pose comme accord d'appoggiature de l'accord de septième de dominante suivant. La séquence est particulièrement élaborée : Brahms articule l'enchaînement à la mesure 27 par l'intermédiaire d'un processus de métamorphose, c'est-à-dire que la disposition du degré V de résolution présente une disposition différente de ses composantes par rapport au degré I de résolution de la mesure précédente. Cela en raison de la disposition conventionnelle de l'accord de septième diminuée d'appoggiature[3].

À la mesure 29 on trouve un emploi intéressant de la septième diminuée : l'accord rencontré à la mesure 27, exactement dans la même disposition, cette fois-ci acquiert la fonction de degré VII de la tonalité de *mi* majeur. Ainsi, l'accord de septième diminuée d'appoggiature se révèle ici tout à fait adapté à la modulation vers la tonalité de *mi*.

La règle d'organisation de la section B^4 (mesures 36-40) est fondée sur un simple processus d'imitation de deux modules mélodiques ascendants. Au début, il s'agit de la juxtaposition de deux appoggiatures ascendantes. L'imitation de ce module aux mesures 38-39 ne suit pas le même schéma : la brève mélodie exploite les possibilités d'articulation de l'échange de la septième (plus note de passage) qui termine sur la fondamentale[4].

Il faut remarquer, à la mesure 37, une nouvelle utilisation de la septième diminuée sur le degré VII de la dominante d'emprunt (II+) du degré V de la tonalité de base (*mi* majeur). Ainsi, on trouve une exploitation ultérieure de cet accord avec une fonction encore différente.

La dernière section (B^4) du grand volet final (**coda**), suivie par la cadence finale, comporte le même type de

---

[3] Le *fa* dièse à la mesure 27, second temps, est une appoggiature inférieure.

[4] Le *mi* (mesure 38) est l'appoggiature supérieure de la tierce (degré V).

construction. Aux mesures 46-47 on trouve l'enchaînement du degré II altéré (fonction de dominante d'emprunt) avec le degré I en deuxième renversement. Deux interprétations s'offrent à notre investigation : il s'agit d'une cadence rompue sur le modèle V — IV à partir de la dominante d'emprunt (II+), ou bien il s'agit du degré I avec fonction de quarte et sixte de cadence (donc d'un accord résultant de la double appoggiature sur le degré V). Le *la* à la mesure 48 (septième du degré V) incite à penser qu'il s'agit bien d'une quarte et sixte de cadence[5]. La résolution conventionnelle des appoggiatures de la quarte et sixte de cadence est « filtrée » par des opérations contrapuntiques axées sur la transposition et sur une disposition particulière des notes, notamment au niveau du degré V. Il faut remarquer que ce genre de non-linéarité est tout à fait courant dans l'écriture pianistique romantique.

Le passage harmonique qui suit semble confirmer cette interprétation. À la mesure 49 le degré IV en deuxième renversement n'est autre que le résultat de la double appoggiature sur le degré I (le degré II suivant, avec la septième à la basse, est un accord de passage). Ainsi, le principe compositionnel d'appoggiature, exploité à la fois pour la conception des unités minimales et pour l'organisation des sections plus vastes, affecte aussi l'orientation harmonique de la cadence finale, ce qui souligne l'attitude compositionnelle de développement organique et intensif des matériaux utilisés.

Comme on l'a montré précédemment, la partie vocale a une fonction complémentaire par rapport à la partie pianistique. Cependant, malgré son déploiement simple et linéaire, le compositeur réussit à mettre en place des stratégies compositionnelles intéressantes, notamment par rapport à la forme générale de l'œuvre. La succession des

[5] On remarque une certaine familiarité et même une continuité avec l'élaboration du module mélodique de b^2 à la mesure 39.

unités *d* et d^1 met en évidence d'une manière explicite l'opposition structurelle entre la construction par arpège et la logique du mouvement mélodique conjoint, notamment dans les parties finales des deux unités. Ce principe, axé sur l'opposition distinctive, se révèle donc central pour le déploiement du discours musical de l'œuvre.

En ce qui concerne la macro-forme, l'organisation générale des unités de la voix s'oppose au déroulement instrumental à cause de la configuration rythmique et morphologique. De plus, l'organisation générale de la partie vocale met en évidence une bipartition autonome par rapport à la partie instrumentale : les unités minimales *d* sont répétées quatre fois dans le grand volet central de la composition (**B**), en revanche *e* et *f* caractérisent uniquement le grand volet $\mathbf{A}^1$ (d, d^1, d^2, d^3, e, f).

Le critère de formalisation des grands volets formels de l'œuvre (**A**, **B**, $\mathbf{A}^1$ et **coda**) est axé sur la récurrence et sur l'ordre de succession des sections de niveau intermédiaire. Par conséquent, on peut définir la composition comme tripartite simple plus coda. En effet, elle présente les caractéristiques typiques des œuvres classiques et romantiques formalisées de cette manière : « la condition nécessaire pour que la forme tripartite simple à reprise soit considérée comme telle est l'équilibre formel de ses trois composantes, autrement dit les dimensions temporelles similaires de ses deux volets extrêmes : l'exposition (**A**) et la reprise à distance dans le temps ($\mathbf{A}^1$) » (Stoianova, 1996 : 53)[6]. Dans *Der Frühling*, les volets **A** et $\mathbf{A}^1$ se déroulent chacun sur huit mesures. La partie centrale (**B**), proportionnellement plus vaste par rapport aux parties extrêmes (**A** et $\mathbf{A}^1$), s'inscrit pleinement dans le cadre formel décrit et la littérature musicale offre un très grand nombre d'exemples de ce genre (cf. *ibid.* : 52). De même, la coda

[6] Dans la citation, « a » a été remplacé par « **A** » conformément à la notation formelle adoptée.

conclusive est tout à fait conforme aux conventions formelles de l'époque romantique. En effet, elle caractérise surtout les formes tripartites simples de compositions indépendantes comme par exemple les *Lieder* (cf. *ibid.* : 55 et 58).

La forme générale de *Der Frühling* présente des particularités intéressantes. Le volet **A** remplit la fonction d'introduction instrumentale. Le volet $\mathbf{A}^1$, reprise de **A**, présente à peu près la même organisation interne et se caractérise par la partie vocale. En effet, ce qui ont en commun les deux volets extrêmes (**A** et $\mathbf{A}^1$) est leur début marqué par les sections de type *A*. Il faut remarquer aussi que la tonalité de **A** (*mi* majeur) revient dans $\mathbf{A}^1$ après l'instabilité tonale de **B**. En revanche, dans le grand volet intermédiaire **B**, on ne trouve jamais la section *A* en première position, ce qui indique une très forte cohérence formelle.

La coda partage avec les volets extrêmes (**A** et $\mathbf{A}^1$) la section de type *A* au début et également les mêmes proportions (huit mesures plus la cadence finale). L'absence de la voix induit à mettre en relation la coda avec le volet **A** initial, ce qui confirme sa fonction introductive.

4. *Evaluations*

Le premier objectif de cette étude a été l'analyse des aspects les plus microscopiques de la composition, à savoir les unités minimales, pour aboutir successivement a une vision complète de la forme générale, en passant par le niveau d'organisation intermédiaire. Cette démarche méthodologique a permis de remarquer que les principes compositionnels employés au niveau de la microstructure étaient les mêmes que ceux concernant les sections plus amples. Ainsi, on en a déduit que la notion de dérivabilité ne concerne pas seulement les unités minimales, mais qu'elle peut affecter d'une manière intéressante et productive différents niveaux d'organisation de l'œuvre.

L'objectif de ce paragraphe sera de mettre en évidence la simplicité de la matrice disciplinaire de l'œuvre par rapport à la complexité du réseau de relations avec les autres matrices disciplinaires. De plus, on essaiera d'esquisser une évaluation esthétique de l'œuvre en tenant compte en particulier du degré de développement atteint par le langage tonal à l'époque de Brahms.

La simplicité des procédures compositionnelles inhérentes à la matrice disciplinaire de l'œuvre est typique dans le cadre des langages en évolution cumulative comme le langage tonal. En effet, l'œuvre « paradigmatique », à la différence d'œuvres « extraordinaires », se base dans une mesure importante sur des relations étroites et complexes entre les règles heuristiques de l'œuvre et la normative inscrite dans le cadre des matrices disciplinaires d'ordre supérieur. Le modèle *a* de *Der Frühling*, par exemple, a été défini sur la base de la logique mélodique de l'appoggiature. Or, la spécificité des dérivations du modèle *a* effectivement utilisées pour la construction de la composition porte, bien sûr, sur les règles de la matrice disciplinaire de l'œuvre, tandis que la normative plus générale de l'usage de l'appoggiature concerne les matrices stylistiques du compositeur et de l'époque historique mais aussi le langage tonal.

En ce qui concerne les relations entre la matrice de l'œuvre et les matrices hiérarchiques plus vastes, on trouve dans la tonalité différents degrés de complexité. Dans l'analyse de ce Lied on a évoqué, du point de vue de l'analyse harmonique, les critères d'enchaînement des accords, les cadences, les dominantes d'emprunt, les modulations, les marches d'harmonie, l'accord de sixte napolitaine et la septième diminuée. Maintenant, on souhaiterait inscrire dans une perspective critique les observations analytiques des paragraphes précédents afin de pouvoir aboutir à une évaluation organique et cohérente.

La sixte napolitaine, accord employé dans la composition,

constitue un modèle fondamental pour la musique romantique et, par inclusion, aussi pour la musique de Brahms. Mais elle fait en même temps partie de la matrice disciplinaire la plus générale, le langage tonal, en tant qu'accord de sous-dominante. On propose donc de centrer l'attention sur le degré de complexité atteint par cette notion harmonique dans l'œuvre.

L'accord de sixte napolitaine est employé dans sa forme traditionnelle mais aussi avec l'altération auxiliaire de la tierce, ce qui n'est pas ordinaire pour sa formulation conventionnelle. Il faut donc essayer de mettre en contexte l'origine de cette altération. Comme on l'a vu dans le chapitre consacré au langage tonal, à l'époque romantique l'hybridation des deux modèles primordiaux de la tonalité (le modèle de dominante et le modèle de sous-dominante) commence à devenir un phénomène théorique recourant. Ainsi, on peut raisonnablement supposer que le même critère a été à la base de cette particularité harmonique à partir de la sixte napolitaine. Dans ce cas précis, l'accord garde sa fonction de sous-dominante malgré la composante généralement plus forte de dominante.

À présent, on voudrait examiner l'utilisation de la septième diminuée et notamment son emploi particulier à la mesure 27. Comme on l'a vu, la septième diminuée est utilisée comme accord d'appoggiature, donc en dehors du schéma cadentiel. Ce qui est assez remarquable, c'est sa fonction préparatoire à la modulation suivante par l'interprétation de l'accord avec fonction tonale. Or, cette procédure se révèle intéressante pas seulement en raison de la modulation lointaine, tout à fait courante à cette époque (*fa* mineur — *mi* majeur), mais surtout à cause de la transformation conceptuelle de l'accord. En effet, la septième diminuée offre de très nombreuses possibilités de modulations lointaines, par exemple par la procédure de l'enharmonie. Ici, l'opération est plus complexe du point de vue conceptuel car Brahms modifie d'une manière radicale le sens de la superposition harmonique : il s'agit dans un premier temps d'un produit purement contrapuntique, le même objet est ensuite intégralement interprété comme accord fonctionnel de dominante.

À mon sens, ce type de renversement conceptuel représente un exemple de procédure interprétative des fonctions tonales évoluée. C'est-à-dire que cette opération harmonique se situe sur un plan plus avancé par rapport même aux techniques de modulation complexes mais encore entièrement enracinées dans la logique fonctionnelle. Ainsi, on peut raisonnablement classer ce phénomène dans le cadre du style de Brahms et on peut le rattacher aux mêmes considérations théoriques qu'on a avancé à propos de la sixte napolitaine altérée.

L'œuvre étudiée est tout à fait représentative de l'idée d'équilibre entre la complexité et la simplicité non seulement en ce qui concerne les relations entre matrices disciplinaires de différents niveaux, mais également en ce qui concerne l'articulation du discours musical de l'œuvre. En effet au cours de l'analyse technique, on a remarqué l'opposition entre la simplicité, parfois extrême, des critères d'enchaînement des unités minimales et une certaine variabilité de complexité au niveau du parcours harmonique, comme par exemple la simplicité harmonique du début par rapport à la complexité de la fin du grand volet **A** produite par la sixte napolitaine altérée.

Le même type d'opposition affecte la dialectique entre la partie vocale et la partie pianistique du point de vue horizontal. Cet aspect est particulièrement manifeste à partir du début du cycle des modulations dans le grand volet central de la composition. En effet, on constate que le compositeur vise de plus en plus à la simplification de la partie du chant tout en développant la partie instrumentale. En particulier, la section finale du grand volet **B** est tout à fait emblématique : à la complexité harmonique maximale correspond une simplification extrême de la partie vocale. De même, la ponctuation de la macro-forme est rigoureusement orientée vers des cadences simples, formulées systématiquement par le schéma V — I.

Ainsi, l'analyse et l'évaluation esthétique de *Der Frühling* ont été conduites en tenant compte prioritairement du degré évolutif atteint par le langage tonal à l'époque de Brahms. Par conséquent, on a pu souligner la très forte cohérence et cohésion de l'œuvre, l'équilibre formel rigoureux et le respect du principe d'économie qui concerne notamment les matériaux utilisés. Enfin, on a essayé d'accomplir la tache difficile qui consiste à mettre dans une perspective critique des objets et des phénomènes complexes qu'on perçoit généralement aujourd'hui d'une façon normalisée et parfois banalisée à cause de la reconstruction linéaire et souvent simplifiée des processus historiques du langage tonal.

Ex. 20. *Der Frühling*

20
d2
d3
ron - nen, der Win - ter ist zer - ron - nen. Da
nie - der, wie Him - mels - duft her - nie - der. Da
Näch - te, durch Ta - ge und durch Näch - te. Flieg
a1 a2 xar=b xar=b c c c a3 a1 a2 xar=a xar=a
I V34 I6 Imin. IV46 I
Fa maj. VI V7 I V34 I
26
d3
p cresc.
schlägt er frisch den Blick em - por, die Au - gen se - hen hell her - vor
wer - den al - le Blu - men wach da tönt der Vö - gel schmelzend Ach,
auch, mein Herz, und flat - tre fort, such hier ein Herz und such es dort,
b1 b1 b1 b1 b1 b1 b1 b1 b1 b1
p cresc. f
Mi maj. VII7 V7
V Imin. 7app. V7 V Imin. 7app.
31
e
f
ans gold - ne Licht der Son - nen, ans gold - ne Licht der
da kehrt der Frühling wie - der, da kehrt der Früh - ling
du triffst vielleicht das Rech - te, du triffst vielleicht das
x a a2 a3 a2 a a2 a3 a1 x b2 b2
V7 I6 IV I46 II46+ V II46+ V6 I II56 7(=II+09-)

38
Son - - nen.
wie - - der.
Rech - - te.
b2 b2 a a2 a a2 a a2 a3
f
V7 I I6 IV II56+ V 56 I V34
44
a1 x b2 b2 b2 b2 cadence
p dolce
I6 35 II56 II56+ I46 V IV46 I II2 I

CHAPITRE V

ARNOLD SCHÖNBERG LE TIMBRE COMME MODELE COMPOSITIONNEL DE *FARBEN* (*CINQ PIECES* POUR ORCHESTRE OP. 16, N. 3)

Farben est la troisième des *Cinq pièces* pour orchestre op. 16 (1909) de Arnold Schönberg[1]. Elle représente un exemple de composition fondée sur la notion de la *Klangfarbenmelodie*. Cette expression, qu'on peut traduire par « mélodie de couleurs », fut forgée par Schönberg dans le cadre d'une critique historique de la fonction et de la hiérarchie des paramètres musicaux en conclusion du célèbre *Traité d'harmonie*.

> « On reconnaît au son trois dimensions : sa hauteur, sa couleur, son intensité. Or, jusqu'à présent, on ne s'est attaché qu'à la mesure d'une seule de ses trois dimensions : celle qu'il est convenu de nommer sa hauteur sonore. C'est à peine, en effet, si des essais de mesure ont été entrepris jusque-là dans les autres dimensions, jamais en tout cas leurs résultats n'ont été encore ordonnés en un système. L'appréciation du timbre — seconde dimension du son — est encore un domaine beaucoup plus inculte et désordonné [...].
>
> S'il est possible maintenant, à partir de timbres différenciés par la

[1] La révision date de 1922. La version orchestrale réduite date de 1949.

hauteur, de faire naître des figures sonores que l'on nomme mélodies — successions de sons dont la cohérence même suscite l'effet d'une idée — alors il doit être également possible, à partir de pures couleurs sonores — les timbres — de produire ainsi des successions de sons dont le rapport entre eux agit avec une logique en tout point équivalente à celle qui suffit à notre plaisir dans une simple mélodie de hauteurs. Il semblerait que cela soit une fantaisie futuriste, et c'est sans doute le cas, mais une fantaisie dont j'ai la ferme conviction qu'elle se réalisera » (1983 : 515-16).

L'analyse qui suit consacrera une attention particulière à l'étude des paramètres et à leur fonction compositionnelle dans cette œuvre. En effet, on constatera que dans *Farben* le paramètre des durées a une fonction complémentaire tantôt par rapport aux hauteurs qu'en relation avec le timbre. De plus, étant donné que le paramètre des dynamiques a une fonction presque nulle — les valeurs de dynamique employées sont réduites à trois : *ppp, pp* et *p* (exception faite pour le célesta qui joue *forte* à la mesure 20) — on s'attardera principalement sur l'analyse des rapports entre hauteurs et timbres et sur la définition d'une hiérarchie fonctionnelle entre ces deux paramètres.

En ce qui concerne les étapes méthodologiques, l'analyse sera abordée à partir de la définition des modèles complémentaires de la composition, le modèle des hauteurs et le modèle ornemental, pour aboutir à l'étude du modèle fondamental d'organisation des timbres[2].

[2] Cette étude est fondée intégralement sur l'analyse de Charles Burkhart (1973 : 141-72).

1. *Le modèle des hauteurs*

Le modèle de l'accord-*farben* régit presque entièrement l'organisation des hauteurs de la composition (exemple 1). Il est constitué par cinq hauteurs différentes, ce qui donne la superposition des intervalles de quinte augmentée, tierce mineure, quarte juste et quarte juste.

L'articulation du modèle des hauteurs ne prévoit, dans l'essentiel, que la transposition de l'accord-*farben* par l'intermédiaire d'un mouvement polyphonique à canon d'un module de trois notes, ce qui donne des superpositions transitoires autres que l'accord-*farben*[3]. À présent, il faut examiner dans les détails les règles qui régissent le déploiement de l'organisme polyphonique mais d'abord quelques remarques à propos de la structure temporelle des modèles de *Farben* s'imposent.

Ex. 1. L'accord-*farben*

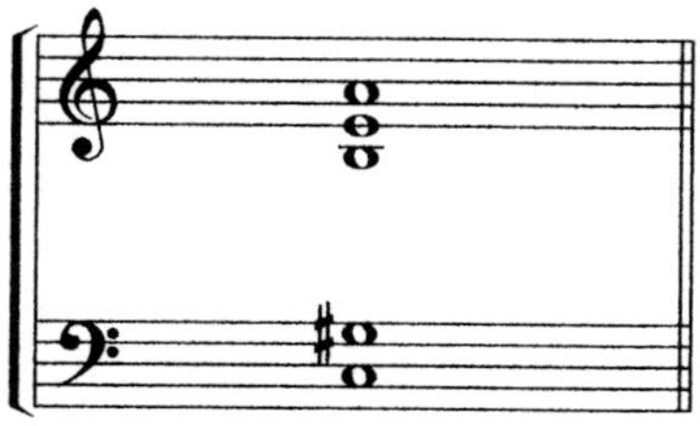

[3] On préfère le terme « module » à l'expression « motif » employée par Burkhart.

L'idée compositionnelle générale à la base de la rythmique de l'organisme des hauteurs, qui reste d'ailleurs la même pour le modèle fondamental de l'œuvre, le modèle des timbres, est celle de la pulsation. Autrement dit, dans *Farben* nous ne trouvons pas des « figures » rythmiques avec des caractérisations morphologiques particulières, au sens traditionnel du terme, mais on trouve un flux continuel et plus ou moins constant de durées avec une fonction complémentaire par rapport aux paramètres structurants de hauteurs et surtout de timbres. Ainsi, l'organisation rythmique de l'œuvre peut être décrite par un ensemble de valeurs de durée avec fonction de pulsation irrégulière qui affecte tantôt les dérivations du modèle des hauteurs (les accords « jalons » de l'organisme de hauteurs) que les résultantes transitoires du mouvement polyphonique de l'organisme (exemple 2).

Le principe compositionnel de transposition de l'accord-*farben*, par l'intermédiaire du mouvement à canon, est à la base du fonctionnement de l'organisme. Plus précisément, l'organisme des hauteurs est composé par cinq voix structurelles reparties entre les instruments de l'orchestre selon des critères précis (cf. *infra* le modèle des timbres). Le module du canon est constitué par trois notes qui présentent la succession intervallique suivante : seconde mineure ascendante et seconde majeure descendante. La première note du module fait toujours partie de l'accord-*farben* ou d'une de ses transpositions dérivées.

Si on observe l'exemple, on remarquera que chaque dérivation reproduit l'accord-*farben* transposé de hauteur[4]. La première transition allant de la dérivation 0 à la dérivation 11 est axée sur une unité de pulsation correspondant à la ronde. La première modification de l'accord-*farben* (dérivation 0) a lieu à la mesure 4 (deuxième voix). La modification

[4] La notation formelle des dérivations porte notamment sur l'intervalle de transposition par rapport à l'accord du début.

mélodique successive (première voix, mesure 5) ne pourra parvenir qu'à la distance métrique d'une ronde de la première modification, l'unité de pulsation étant fixée.

Ainsi, la transition complète de la dérivation 0 à la dérivation 11 a comme unité de pulsation la ronde. En revanche, le troisième phénomène transitoire de l'organisme des hauteurs (de la dérivation 2 à la dérivation 4 aux mesures 20-23) est bâti sur une unité de pulsation de la moitié : la blanche. Le premier et le troisième phénomène présentent chacun un déroulement statique du rythme, la vitesse de la pulsation étant constante. Cependant, si on juxtapose les deux sections, on peut observer un effet d'accélération. Aux mesures 26-30, ce principe compositionnel est exploité davantage : l'unité de pulsation n'est plus fixe mais est articulée en passant par des valeurs de durée de plus en plus petites. Notamment, on trouve à partir de la mesure 27 jusqu'à la mesure 29 tout entière la blanche, la noire, la croche de triolet et la double croche. Ainsi, ce processus dynamique d'accélération représente un développement particulièrement intéressant du principe d'accélération statique employé au début de la pièce.

À partir de la mesure 32 jusqu'à la fin, Schönberg emploie à nouveau comme unité de durée de la pulsation la seule valeur de la ronde, comme au début. Cependant, pour créer un intérêt à l'écoute, il exploite dans ce cas les techniques classiques d'articulation du canon : l'inversion et la rétrogradation. Notamment, de la mesure 32 à la mesure 38, on trouve l'inversion du module de trois notes, ensuite, dans la dernière transition, on assiste à la rétrogradation du module (mesures 40-43).

La transformation qui intervient aux mesures 13-16 ne respecte pas les critères de fonctionnement de l'organisme déjà évoqués. En effet, on observe que le *si* de la cinquième voix devient *ré*, les hauteurs des voix I, II et III passent respectivement aux voix II, III et IV, tandis qu'un *si* s'ajoute

Ex. 2. Organisme

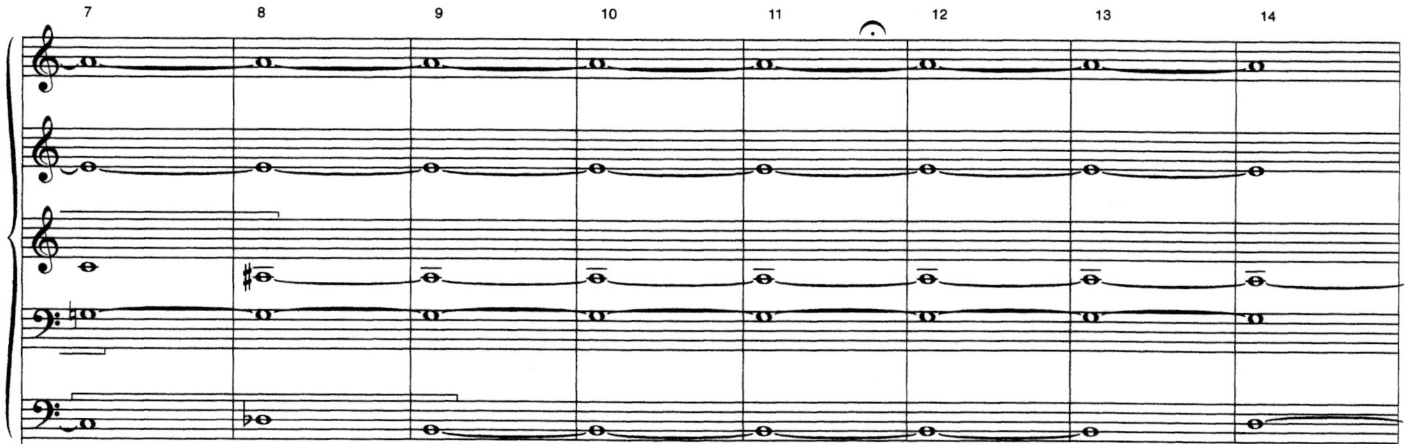

Dér. 11

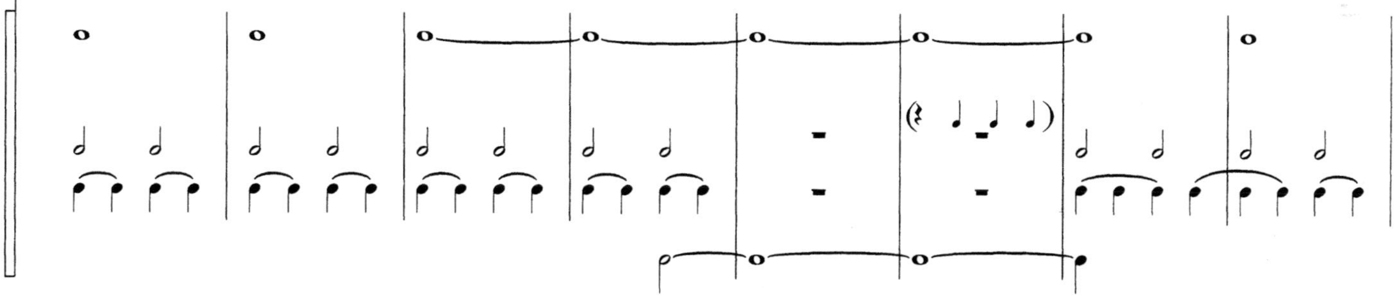

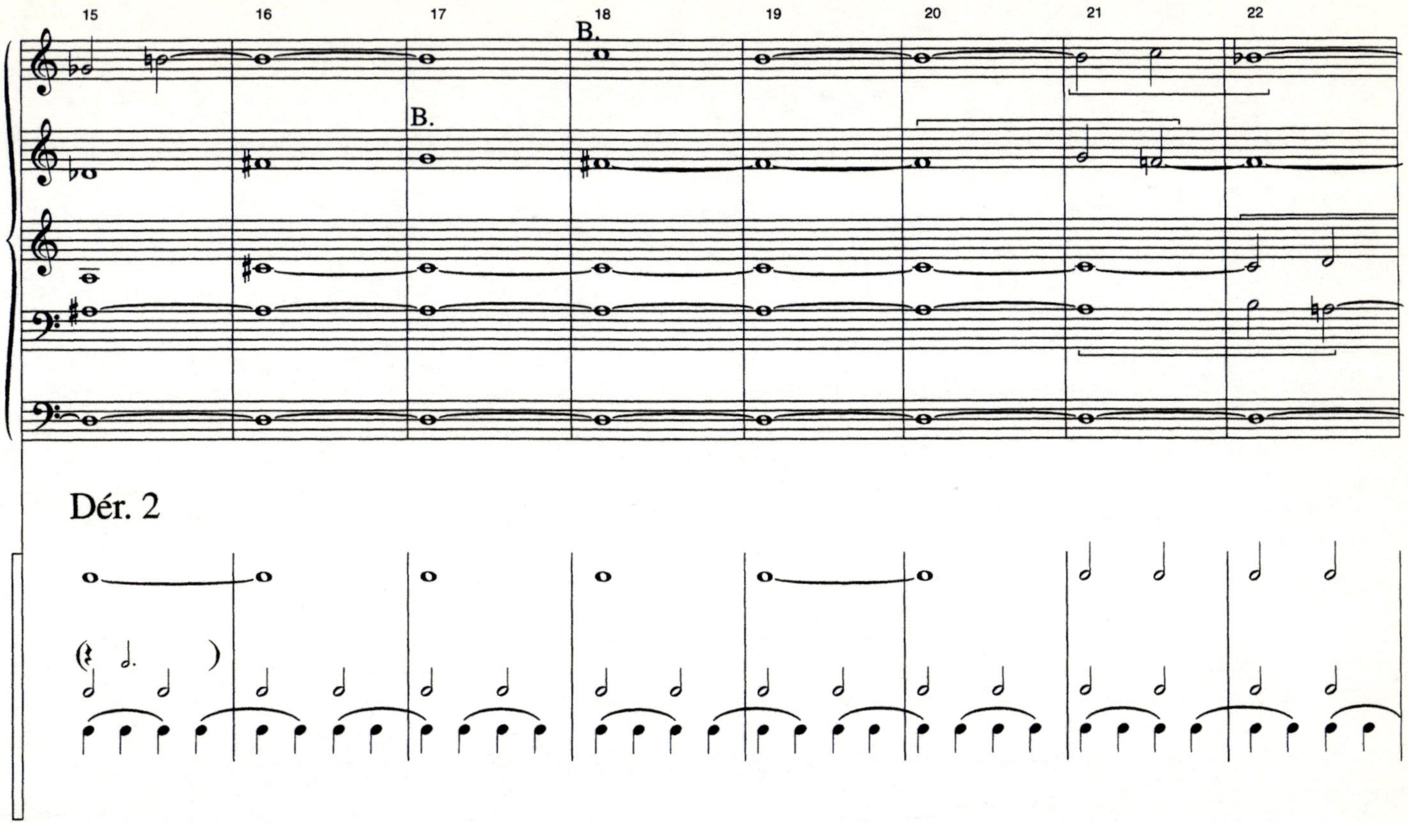
15
16
17
18
19
20
21
22
B.
B.
Dér. 2

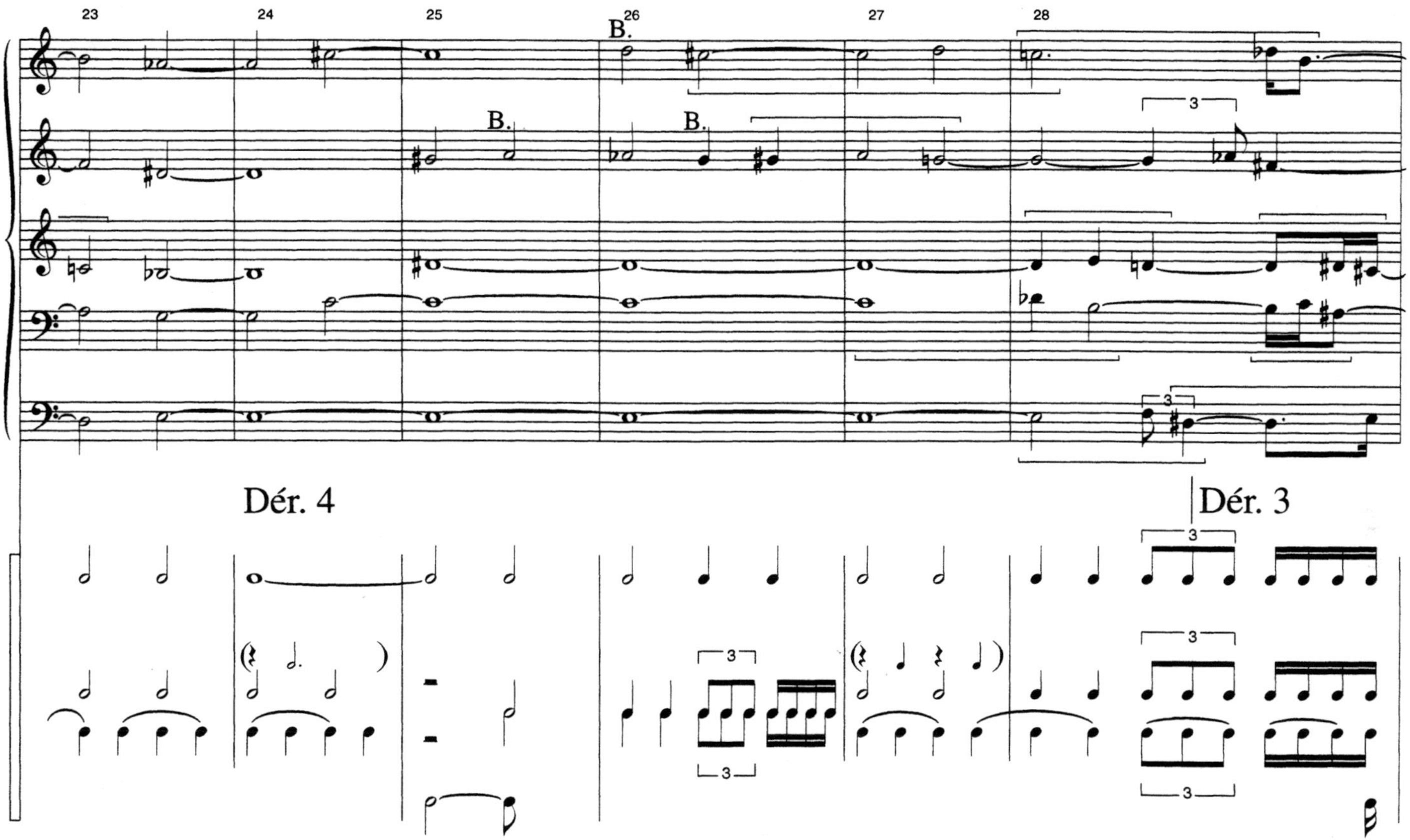
23
24
25
B.
26
27
28
B.
B.
3
3
Dér. 4
Dér. 3
3
3
3
3
3

29
30
31
32
33
34
I.
I.
I.
Dér. 2
Dér. 1
Dér. 0

35
36
37
38
39
40
41
42
43
44
I.
R.
R.
R.
R.
I.
R.
Dér. 1
Dér. 0
Dér. 11
Dér. 1
Dér. 0

à la première voix[5]. Cette procédure de métamorphose permet au compositeur de compenser le mouvement descendant induit par le canon. De plus, par rapport au déroulement global de l'œuvre, Schönberg parvient à obtenir un mouvement général ascendant (exception faite pour la dernière partie plutôt statique) par juxtaposition de sections de transition descendantes, ce qui ajoute un peu d'intérêt au processus assez schématique du canon, tout en tenant compte que les ambitus mélodiques des voix structurelles restent très limités[6].

Ainsi, le principe fondamental du modèle des hauteurs est celui de la transposition. La transition par canon et la métamorphose de l'accord-*farben* constituent des principes compositionnels complémentaires pour l'œuvre, mais nécessaires au déploiement de l'organisme de cinq voix. La relative pauvreté de l'organisation des hauteurs se justifie par le fait qu'il représente tout simplement un support à l'organisation des timbres, paramètre primordial de l'œuvre.

2. *Le modèle ornemental*

À l'organisme des hauteurs s'ajoutent des éléments étrangers à l'accord-*farben* ayant une fonction tout à fait complémentaire qu'on peut résumer en un seul modèle ornemental (exemple 3).

Les principes compositionnels du modèle ornemental découlent du fonctionnement mélodique de l'organisme des hauteurs. En effet, les dérivations ornementales sont toutes bâties sur les intervalles de ton et de demi-ton (transposés ou renversés) du module canonique de l'organisme. Les

---

[5] Un processus du même genre se reproduit aux mesures 23-25.

[6] Il faut souligner l'emploi occasionnel du principe des notes de broderie (*b* dans l'exemple) avec fonction de « faux départ » des canons. La finalité est tout simplement de créer du mouvement dans une procédure excessivement statique.

Ex. 3. Dérivations ornementales

Dérivation ornementale *v*

Dérivation ornementale *w*

Dérivation ornementale *x*

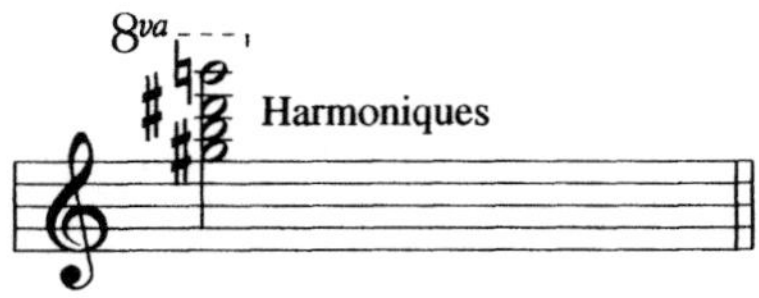

Dérivation ornementale *y*

Dérivation ornementale *z*

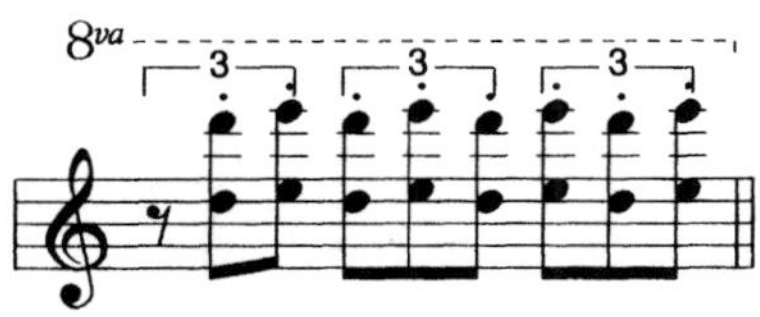

Ex. 4. Dérivations ornementales *v*

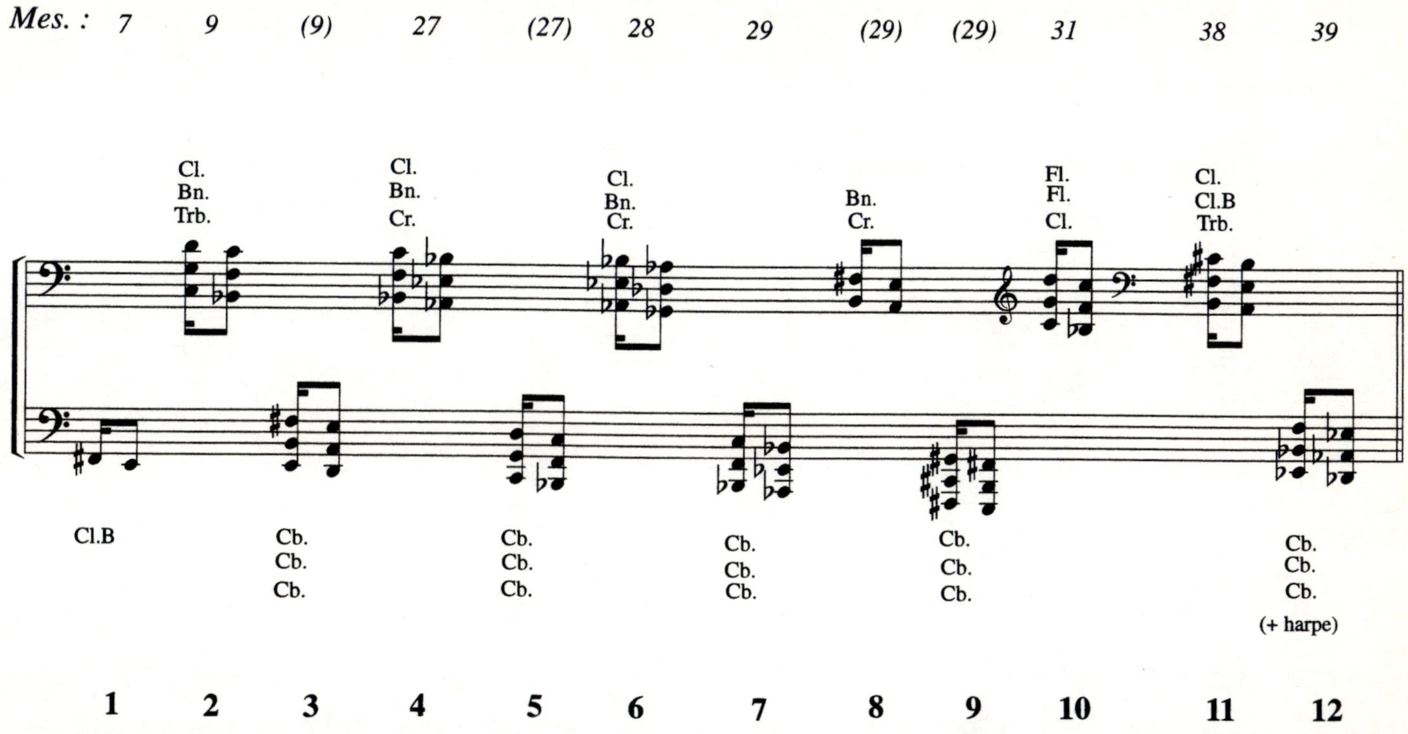

dérivations *v* présentent l'intervalle mélodique de ton et l'intervalle harmonique de quinte juste, ce qui renvoie aux quartes justes de l'accord-*farben*. La dérivation *w* est caractérisée par l'intervalle de ton transposé (*fa-sol*) et par l'intervalle de demi-ton renversé (*mi-fa*). La dérivation *x* ne propose l'intervalle de demi-ton (renversé) qu'aux parties extrêmes de la superposition (*sol* dièse et *sol* bécarre). La dérivation *y* est particulièrement prégnante. L'intervalle de demi-ton (et son renversement) est implicite à sa formulation du point de vue de l'écriture horizontale, verticale et « diagonale ». Enfin, la dérivation *z* est construite sur l'oscillation de l'intervalle de ton doublé à l'octave (cf. Burkhart, 1973 : 150).

À présent, il faut faire allusion aux occurrences précises dans la partition des dérivations ornementales et à leur instrumentation. Les dérivations de type *v* sont les plus exploitées (exemple 4). La règle de juxtaposition des dérivations *v* porte sur la transposition reproduite dans les deux lignes alternées de l'exemple. En ce qui concerne l'orchestration, la ligne supérieure est réalisée par deux bois (dans la plupart des cas basson et clarinette) et un cuivre (cor ou trombone). La ligne inférieure, exception faite pour la clarinette basse du début, emploie trois contrebasses *soli*. À partir de la dixième dérivation *v* on constate un élément de discontinuité du point de vue instrumental. En réalité, cette césure est liée à la nécessité d'éclaircir davantage le déroulement formel de l'œuvre. En effet, la succession serrée des dérivations 4-9 marque un moment important de l'œuvre : l'organisation des agrégats de timbres en séquence. Ensuite, la dérivation 10 délimite le début de la dernière section formelle de la composition (cf. *infra*).

L'utilisation des autres dérivations ornementales et relativement réduite. En effet, elle porte sur la répétition ponctuelle des mêmes unités à des moments précis de la composition, la hauteur et le registre restant inchangés (sauf la dérivation *w* à la mesure 42 : une octave en dessous). Les dérivations *w, x,* et *y* paraissent presque toujours associées (mesures 20-21 et 24-25). La dérivation *w* paraît isolée deux fois à la fin de la pièce : mesures 40 et 42. En ce qui concerne l'orchestration, les dérivations *w* sont jouées par la clarinette, par le cor anglais et par la petite flûte, les dérivations *x* sont toujours réalisées par les violons (harmoniques) tandis que les dérivations *y* sont présentées par les flûtes (grande et petite) et par la harpe avec le célesta. On trouve la dérivation *z* une seule fois (petite flûte, harpe et célesta à la mesure 31), conjointement aux dérivations *x* et *v*.

Les dérivations ornementales sont caractérisées par des figures rythmiques particulières, de type traditionnel, par conséquent elles s'opposent efficacement à la logique rythmique de la pulsation qui affecte l'organisme des hauteurs et les agrégats de timbres. De plus, il faut remarquer que leur instrumentation relativement constante contribue à accentuer leur fonction de contraste par rapport notamment aux changements incessants des timbres de l'œuvre.

3. *Le modèle des timbres*

Farben est conçue selon une idée compositionnelle d'agrégats ou blocs instrumentaux hétérogènes. L'articulation temporelle des agrégats de timbres se fonde, comme pour l'organisme des hauteurs, sur la notion de la pulsation. En particulier, elle est basée sur une ou deux lignes de développement (voir dans l'exemple 2 les changements instrumentaux). La ligne supérieure concerne l'organisation du *quatuor* instrumental, la ligne inférieure est référée à la cinquième voix instrumentale. Dès que les deux lignes s'unifient, on parlera de *quintette* instrumental (cf. *infra*). Les valeurs de durée de la pulsation sont très limitées si on exclut le développement des mesures 25-29. De plus, les valeurs affichées dans l'exemple ne correspondent pas exactement aux durées réelles de la partition car elles sont le résultat de l'adaptation instrumentale visant à nuancer les timbres (exemple 5). En effet, le compositeur cherche par cette procédure le fusionnement continuel et changeant des couleurs (cf., par exemple, les bassons I et II au début de la partition).

Ex. 5. Durées structurelles et écriture instrumentale

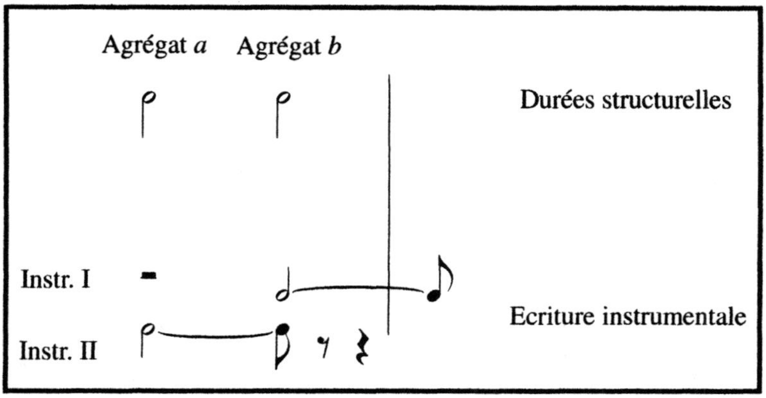

Les règles des agrégats de timbres sont entièrement et exclusivement orientées vers l'articulation du paramètre du timbre. L'ensemble instrumental est composé de dix-huit types d'instruments (les percussions ne sont pas employées). Les bois : 2 petites flûtes, 2 grandes flûtes, 3 hautbois, cor anglais, 3 clarinettes, clarinette basse, 3 bassons et contrebasson. Les cuivres : 4 cors, 3 trompettes, 4 trombones et tuba. Harpe et célesta. Les cordes : violons, altos, violoncelles et contrebasses. Les petites flûtes, comme la harpe et le célesta, ne participent pas à la composition des agrégats car ils n'ont que des fonctions étrangères aux accords et de doublure.

Les agrégats de timbres sont organisés selon une normative tripartite qui porte notamment sur (1) la combinatoire générale des agrégats de timbres, (2) l'organisation verticale des agrégats et (3) l'enchaînement des agrégats. En ce qui concerne la combinatoire générale, la règle fondamentale est de ne jamais répéter un agrégat ni dans sa forme originelle, ni dans une de ses permutations (*ibid.* : 151). L'instrumentation, par rapport à la dimension verticale, respecte deux critères d'organisation : les agrégats sont assemblés en groupes de quatre instruments (quatre voix supérieures plus la basse), ou bien en forme de *quintettes* instrumentaux. Voici donc les règles de fonctionnement des quatuors et des quintettes. Chaque agrégat (quatuors et quintettes) est constitué d'instruments appartenant aux trois familles d'orchestre avec la domination des instruments à vent. Le type de quatuor instrumental le plus répandu est donné par la combinaison de deux bois, un cuivre et un instrument à cordes. L'agrégat de cinq instruments le plus fréquemment utilisé est composé de deux bois, deux cuivres et un instrument à cordes. En ce qui concerne les deux modèles d'agrégat, on trouve parfois trois bois réunis dans le même bloc, rarement quatre bois. De même, il est rare de trouver des agrégats de trois cuivres ou trois cordes tandis que l'on ne trouve jamais des agrégats de quatre cuivres ou de quatre instruments à cordes. Dans chaque agrégat, un seul instrument peut être utilisé deux fois. En règle générale, on a presque toujours la superposition de cinq instruments différents (Burkhart, 1973 : 161).

Enfin, en ce qui concerne les règles d'enchaînements des agrégats, on ne trouve presque jamais la répétition d'un instrument à la même voix structurelle dans deux blocs différents. Les instruments en commun entre deux agrégats peuvent être deux, un ou zéro, à condition que la loi susmentionnée soit respectée (*ibid.* : 162).

La notion « classique » de timbre présente deux acceptions légèrement différentes. D'abord, elle dénote le caractère de couleur d'un instrument musical individuel. Deuxièmement, elle est employée pour définir des catégories qualitatives du son en ce qui concerne les amalgames instrumentaux de l'orchestre. Conformément à ces définitions, on découvre dans *Farben* une première classe de timbres dont les éléments sont les instruments individuels et une seconde classe, beaucoup plus riche, comportant une multitude d'associations différentes d'instruments. En effet, d'après Burkhart, les attaques des notes sont distribuées en respectant un critère très rigoureux : les proportions de sept attaques aux bois, quatre aux cuivres et quatre aux cordes, ce qui obéit exactement à la conformation de l'orchestre de *Farben* (*ibid.* : 155). De plus, l'étude des agrégats instrumentaux a révélé l'intérêt tout à fait particulier et primordial de Schönberg pour la combinatoire des timbres.

4. *La forme*

L'analyse de *Farben* a posé le problème d'établir une hiérarchie entre les unités du discours musical structurantes et celles qui ne le sont pas. En effet, comme on l'a vu précédemment, l'organisme des hauteurs respecte une logique de développement bien précise, ce qui donne une

Ex. 6. Schéma formel

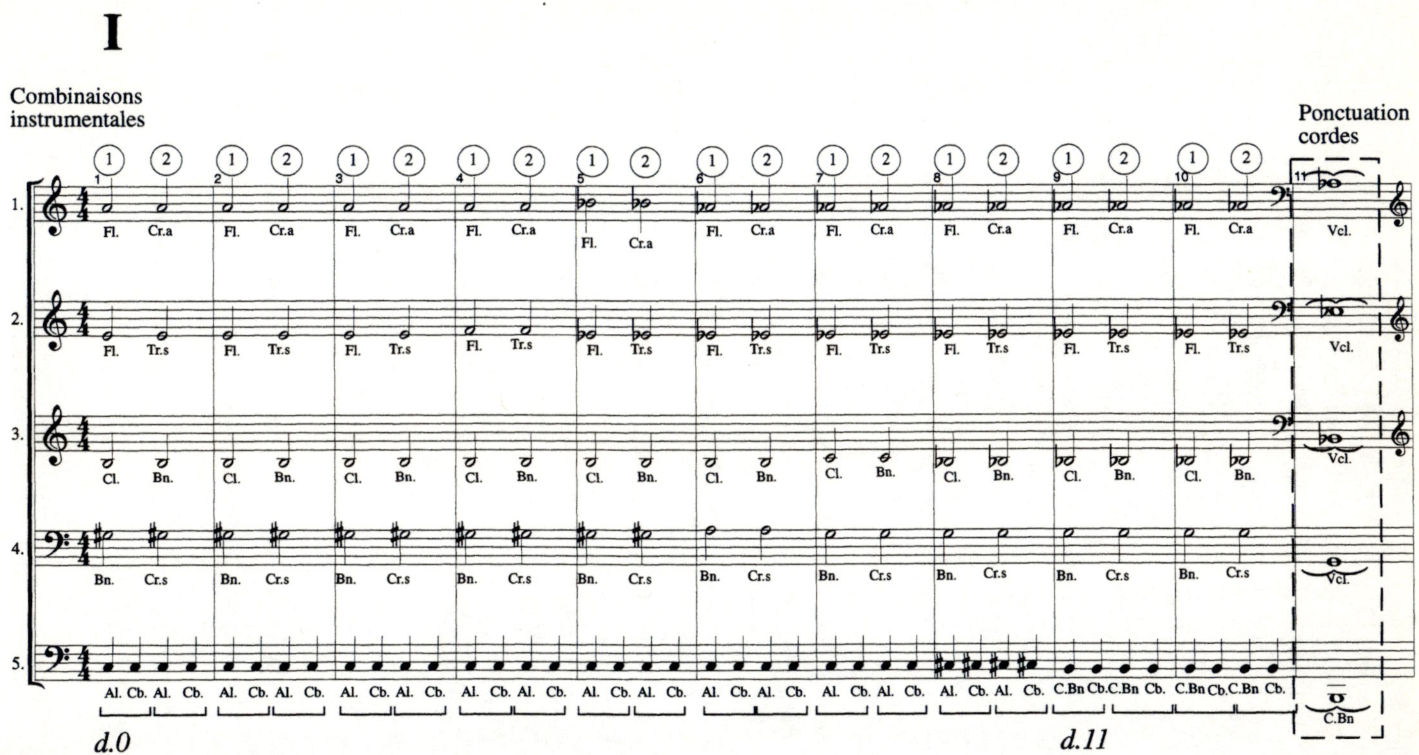

II

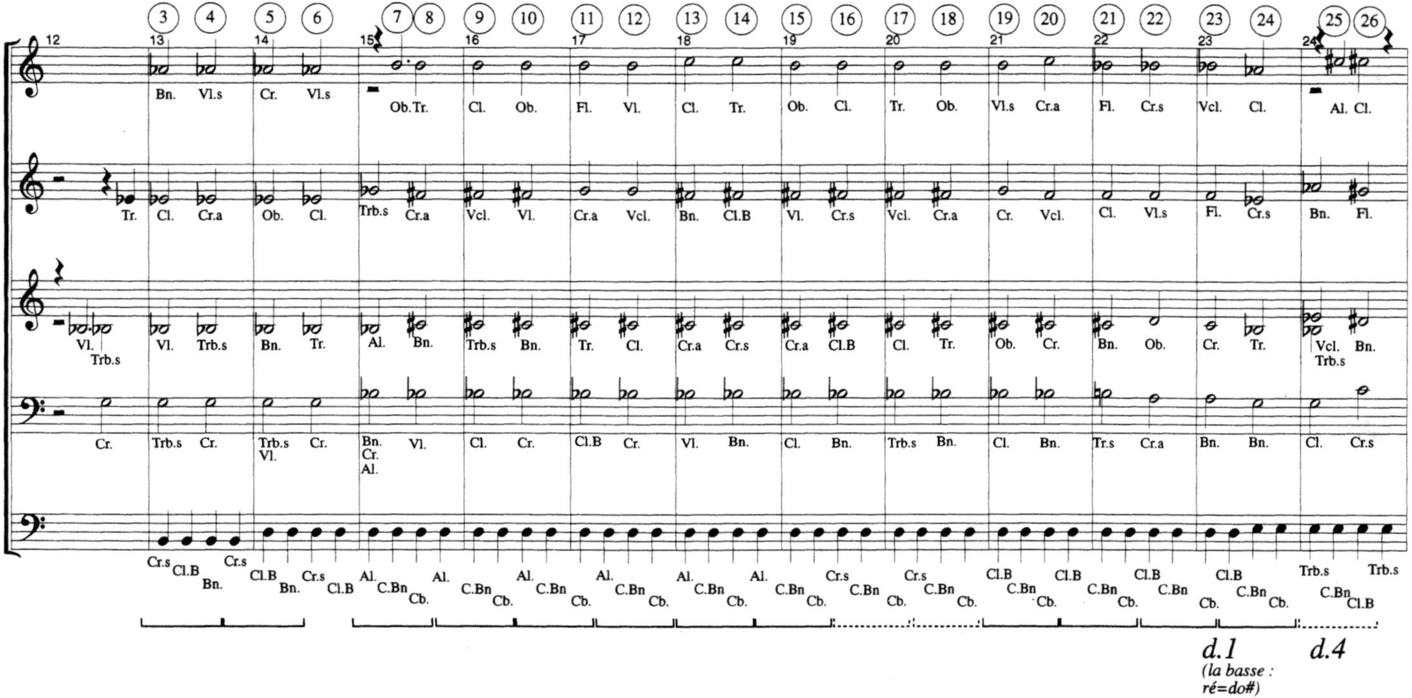
3 4 5 6 7 8 9 10 11 12 13 14 15 16 17 18 19 20 21 22 23 24 25 26
12 13 14 15 16 17 18 19 20 21 22 23 24
Bn. Vl.s Cr. Vl.s Ob. Tr. Cl. Ob. Fl. Vl. Cl. Tr. Ob. Cl. Tr. Ob. Vl.s Cr.a Fl. Cr.s Vcl. Cl. Al. Cl.
Tr. Cl. Cr.a Ob. Cl. Trb.s Cr.a Vcl. Vl. Cr.a Vcl. Bn. Cl.B Vl. Cr.s Vcl. Cr.a Cr. Vcl. Cl. Vl.s Fl. Cr.s Bn. Fl.
Vl. Trb.s Vl. Trb.s Bn. Tr. Al. Bn. Trb.s Bn. Tr. Cl. Cr.a Cr.s Cr.a Cl.B Cl. Tr. Ob. Cr. Bn. Ob. Cr. Tr. Vcl. Trb.s Bn.
Cr. Trb.s Cr. Trb.s Vl. Cr. Bn. Cr. Al. Vl. Cl. Cr. Cl.B Cr. Vl. Bn. Cl. Bn. Trb.s Bn. Cl. Bn. Tr.s Cr.a Bn. Bn. Cl. Cr.s
Cr.s Cl.B Bn. Cr.s Cl.B Bn. Cr.s Cl.B Al. C.Bn Cb. Al. C.Bn Cb. Al. C.Bn Cb. Al. C.Bn Cb. Al. C.Bn Cb. Al. C.Bn Cb. Cr.s C.Bn Cb. Cr.s C.Bn Cb. Cl.B C.Bn Cb. Cl.B C.Bn Cb. Cl.B C.Bn Cb. Cl.B C.Bn Cb. Trb.s C.Bn Cl.B Trb.s
d.1
(la basse : ré=do#)
d.4

III

1 2 3 4 5 6 7 8 9 10 11 10 9 8 7 4 5 3 2 1 1 2 3 4 5 6 7 8 9 10 11
27 28 29 30 31 32 33 34 35 36 37 38 39 40 41 42 43 44 45 46 47 48 49 50 51 52 53 54 55 56 57 58 59 60 61
Al.h Fl. Vl.s Cl. Cr.a Vl. Al.s Ob. Al. Vcl.s Cr. Tr. Tr.s Cr. Cr.s Vcl. Al. Ob. Cr.a Vl. Cl. Vl.s Fl. Vcl.h Fl. Vl.s Cl. Cr.a Vl. Al. Ob. Al.s Vcl.s Cr. Tr. Fl. Vl.s Cl.
Vcl.h Cl. Fl. Ob. Bn. Tr.s Trb.s Tr. Vcl. Cr.s Ob. Trb.s Fl. Ob. Cr. Cr.s Tr. Bn. Tr.s Ob. Bn. Cl. Vcl.h Cl. Fl. Ob. Cr. Tr.s Bn. Trb.s Tr. Bn. Cr.s Ob. Cl. Fl. Ob.
Vcl.h Cr.a Bn. Cr.a Fl. Vcl. Ob. Vl. Trb. Bn. Tr.s Vl. Vl.s Tr.s Bn. Trb. Vl. Fl. Trb.s Cr.s Fl. Cr.a Vcl.h Cr.a Bn. Cr.s Fl. Vcl.s Ob. Vl. Trb. Bn. Tr.s Vl.p Cr.a Bn. Cr.s
Vcl.h Vl.s Vcl. Bn. Cl. Vl. Cr.s Cr.a Cl. Cl.B Ob. Cr.a Cl.B Ob. Cl.B Tr.s Cl. Cl.B Vl. Bn. Tr.s Vl.s Al. Vl.s Trb.s Bn. Cl. Vl.s Cr.s Cl. Cl. Cl.B Cl. Cr.a Cr.a Vl.s Vcl.s Bn.
Cb.h Cr.s C.Bn Cl.B Bn. Cr.s Trb.s Trb. Cb. Trb.s Cb. C.Bn Cb. Trb.s C.Bn Cb. Trb.s C.Bn Cb. Trb.s C.Bn Cb. Trb.s C.Bn Trb. Cb.p Trb.s Trb. Cb.p Cl.B Cr.s
d.3
d.2
d.1
d.0

IV

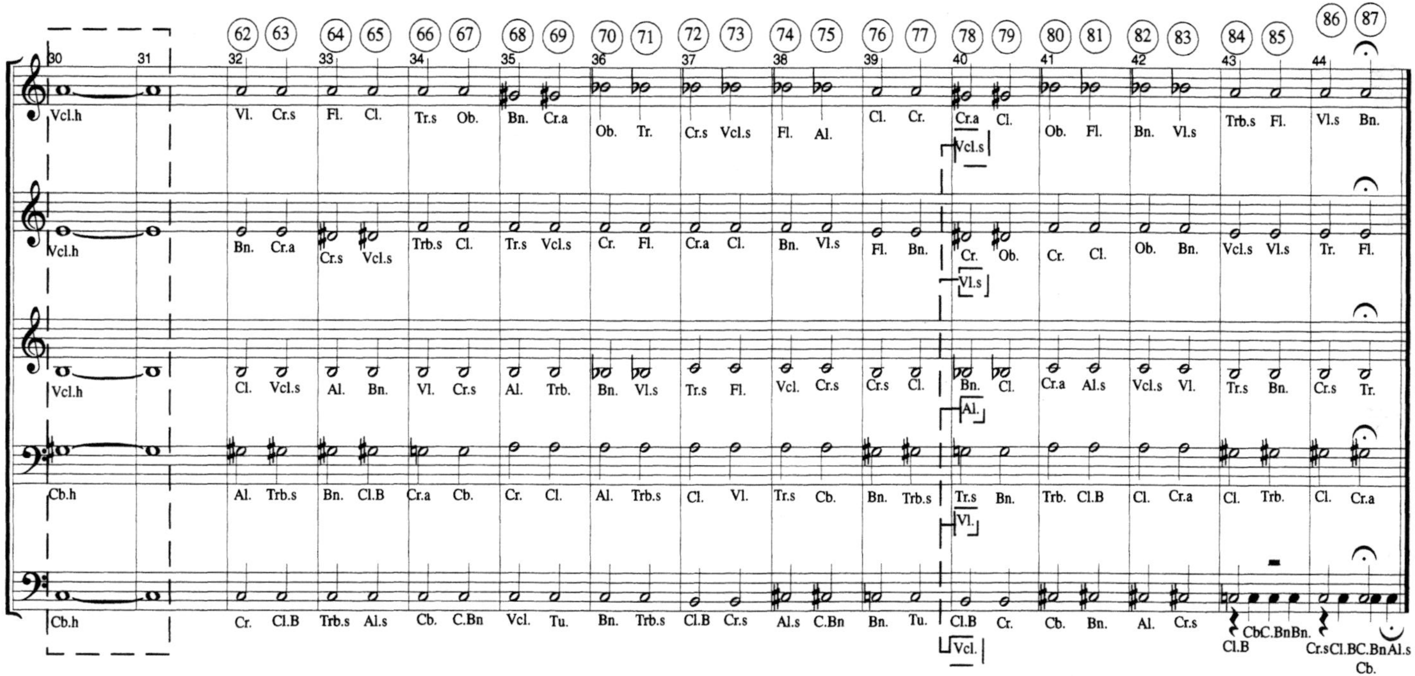

d.1 *d.0* *d.11* *d.1* *d.0*

image formelle accomplie de l'œuvre (cf. exemple 2). Cependant, la complexité et surtout la richesse des procédures compositionnelles employées dans l'organisation des couleurs instrumentales ont permis de définir le paramètre des timbres comme primordial par rapport au paramètre des hauteurs. À ce propos, Burkhart avance une remarque générale particulièrement pertinente : « dans la musique traditionnelle pour orchestre les changements instrumentaux sont en général moins fréquents que les changements de hauteurs [...]. Dans *Farben* on observe le contraire : les changements instrumentaux (donc de couleur) sont généralement plus fréquents que les changements de hauteurs » (*ibid.* : 151, ma traduction). Ainsi, sur la base de la conviction que l'organisme des hauteurs se pose comme texture de support des timbres, je préfère établir le plan formel de l'œuvre prioritairement à partir du timbre. En effet, je suis d'avis que la réflexion sur le timbre n'affecte pas seulement la construction microscopique des agrégats et leurs enchaînements, mais structure aussi la macro-forme.

Dans cette optique, la forme générale est composée de quatre sections (exemple 6). Dans la section du début, on a l'alternance de deux agrégats instrumentaux : le premier comporte le basson, la clarinette et deux flûtes ; le second le cor (avec sourdine), le basson, la trompette (avec sourdine) et le cor anglais (la sourdine ne constitue pas un élément structurel de différenciation du timbre). Dans la deuxième section (mesure 13), on a l'alternance d'agrégats toujours différents. Cette partie est interrompue par la troisième section constituée d'agrégats ordonnés en séquence (mesures 25). La dernière section (mesure 32) présente les mêmes caractéristiques que la deuxième, sauf que dans ce cas le critère d'organisation des agrégats est le quintette instrumental.

Sur le plan général, les cordes ont une fonction de ponctuation. En effet, leurs interventions marquent les séparations entre les différentes sections (et aussi une séparation interne à la troisième section). Enfin, la cinquième voix instrumentale (« la basse »), dans les deux premières sections (organisées en quatuor instrumental) et à l'intérieur de la troisième section, se présente sous forme de brèves séquences périodiques réitérées de deux ou trois notes jouées par les mêmes instruments.

5. *Evaluations*

Les *Cinq pièces* op. 16, les *Trois pièces* pour piano op. 11 et les *Six petites pièces* pour piano op. 19 constituent les compositions instrumentales de la période atonale de Schönberg. Du point de vue historique, ces œuvres marquent la conscience de la crise irréversible du système tonal et représentent un changement important dans la perspective de recherche du compositeur. Les compositions des op. 11, 16 et 19 sont caractérisées essentiellement par la recherche autour du panchromatique, une recherche qui aboutira ensuite à la fondation d'un nouveau système musical : le dodécaphonisme. Le *Walzer* des *Cinq pièces* pour piano op. 23, le *Sonetto* de Petrarca pour baryton de la *Sérénade* op. 24 et la *Suite* pour piano op. 25, composés entre 1921 et 1923, constitueront les premiers essais dodécaphoniques.

Du point de vue théorique, l'utilisation des cordes avec fonction de ponctuation, la « basse » instrumentale, les unités ornementales et le processus à canon de transposition de l'accord-*farben* représentent des aspects intéressants. En effet, les cordes gardent un rôle assez traditionnel, c'est-à-dire qu'un des aspects les plus conventionnels de l'orchestration dans la tradition tonale porte sur la cohérence du discours musical interne à chaque famille d'orchestre et éventuellement sur leur opposition mutuelle. De même, la basse instrumentale, les unités ornementales et la procédure à canon constituent en quelque sorte une référence à la tradition de la musique tonale. En particulier, les unités ornementales présentent une morphologie rythmique traditionnelle, mise en relief par l'orchestration constante de leurs diverses occurrences dans la partition.

Ces stratégies compositionnelles sont symptomatiques du moment historique extraordinaire, leur but étant d'établir la communication dans un contexte fortement instable et expérimental, caractérisé dans le cas spécifique de *Farben* par l'emploi structurel inhabituel des timbres. De même, la relative simplicité de la forme générale quadripartite est symptomatique de la recherche extraordinaire. En effet, la structure générale de l'œuvre est conçue pour permettre à l'auditeur de se repérer dans le flux perpétuel des changements du timbre dont le moment le plus complexe est probablement la troisième section des agrégats de timbres en séquence.

La section des agrégats en séquence de *Farben* suscite effectivement un grand intérêt du point de vue historique. Elle est construite à partir de onze agrégats instrumentaux. En particulier, les onze éléments sont exposés d'abord en forme linéaire, c'est-à-dire du premier au dernier (au début de la section, mesure 25), et ensuite en forme de séquence rétrograde (11-1). Après l'intervention des cordes interne à cette section, on trouve la répétition de la séquence originaire (1-11) suivie seulement des trois premiers éléments.

Burkhart aborde une analyse sérielle de cette section, cependant il observe des anomalies. Notamment, il remarque des petites différences dans la composition instrumentale de certains agrégats ayant la même fonction et surtout il signale que dans la série rétrograde le sixième élément est absent et le quatrième élément est inversé par rapport au cinquième. Pourtant, il n'hésite pas à définir cette section comme sérielle (*ibid.* : 163).

À partir des préceptes dodécaphoniques donnés par Schönberg dans le livre *Le style et l'idée* et sur la base des caractéristiques générales de la littérature musicale sérielle, J'aurais tendance à ne pas partager cette analyse. En effet, la disposition et les manipulations *exactes* des éléments sériels constituent un réquisit fondamental et nécessaire. Il est donc souhaitable de soumettre à une critique historique ce passage.

Farben appartient à la période historique extraordinaire après la crise de la tonalité. Schönberg, en ce moment-là, a abandonné le langage tonal et cherche un point de départ pour créer un nouveau langage en partant d'un état de crise. Ainsi, à l'époque, Schönberg n'a pas encore élaboré sa méthode dodécaphonique. Dans cette perspective historique, l'application du principe sériel au paramètre des timbres constituerait un tournant avancé de l'évolution du sérialisme, en conséquence on ne pourrait expliquer cette procédure compositionnelle que comme un moment d'anticipation historique du sérialisme intégral.

En réalité, ce passage est parfaitement cohérent par rapport aux autres sections bâties sur une logique combinatoire très simple : la non-répétition des agrégats[7]. À mon sens, la séquence « quasi-sérielle » dérive directement de cette procédure et non pas d'une logique sérielle. De toute manière, il reste encore à éclaircir les incongruités des séquences. Apparemment, on pourrait supposer une combinatoire avancée qui a dépassé *ante litteram* l'hypostase numérique du sérialisme orthodoxe. En fait, il s'agit probablement de petites modifications d'ordre du « bricolage » instrumental — assez typiques dans le cadre de l'orchestration traditionnelle — ce qui remet en question l'hypothèse de Burkhart de l'utilisation programmatique de la technique sérielle dans cette composition. D'ailleurs, je suis d'avis que le dodécaphonisme ne pouvait commencer qu'à partir d'une réflexion autour du paramètre des hauteurs car c'est à ce niveau-là que c'est déclenchée la crise tonale et non pas au niveau des timbres, paramètre traditionnellement complémentaire.

---

[7] La première section est constituée par l'alternance de deux agrégats qui ne seront plus répétés dans le reste de la pièce, ce qui confirme cette logique d'élaboration.

La logique combinatoire des timbres instruit donc d'une manière expérimentale *Farben*. Le fait que cette procédure innovatrice n'a pas eu de succès en 1909 est compréhensible du point de vue historique. En effet, si le contexte de l'époque ne prévoyait pas encore la résolution de problèmes de type combinatoire, la logique sérielle deviendra bientôt le langage musical dominant. Sa fondation portera d'abord sur le seul paramètre des hauteurs, le paramètre qui montrait le plus manifestement les signes de la crise irréversible, et ensuite sur tous les paramètres. En revanche, les stratégies compositionnelles avant-gardistes de *Farben* seront consciemment exploitées et théorisées plus tard, après la crise du sérialisme intégral.

CHAPITRE VI

ANTON WEBERN
LE MODELE DODECAPHONIQUE DE LA *SYMPHONIE* OP. 21, N. 1

La *Symphonie* op. 21, qui date de 1928, est la première composition dodécaphonique pour orchestre d'Anton Webern. Il s'agit, plus précisément, d'une œuvre qui s'inscrit dans le cadre de la première phase évolutive du langage sériel. En effet, on distingue trois moments importants de développement du langage sériel : le dodécaphonisme, la série et la série généralisée.

On trouve une première application de la technique dodécaphonique chez Webern dans le dernier *Lied* de l'op. 12 qui date de 1917 (*Gleich und Gleich*). Les cycles de l'op. 17 et de l'op. 18, qui datent de 1925, présentent une utilisation plus organique du dodécaphonisme. Le *Trio* pour cordes op. 20 (1927) représente la première composition dodécaphonique strictement instrumentale.

Conformément aux préceptes de la technique dodécaphonique établis par son fondateur Arnold Schönberg, le premier mouvement de la *Symphonie* op. 21 de Webern est structuré à partir d'une seule série dodécaphonique (la série fondamentale) articulée selon les principes compositionnels des formes *à miroir* : l'inversion, la rétrogradation et la rétrogradation de l'inversion (et transpositions). La série unique, la « source thématique » de l'œuvre, dans le premier mouvement est exploitée de manière à former des canons doubles (à quatre voix) par mouvement contraire qui structurent entièrement la composition.

1. *Le modèle dodécaphonique*

La série fondamentale de la *Symphonie*, le modèle structurel unique de l'œuvre, est composée de douze sons, uniquement espacés par des intervalles de seconde mineure, tierce mineure, tierce majeure et triton (exemple 1). La seconde moitié de la série (1-4-1-1-3) est le rétrograde transposé d'un triton de la première partie (3-1-1-4-1), ce qui donne un équilibre interne à la série fondée sur le principe de la symétrie à miroir.

La première occurrence concrète de la série fondamentale, la première dérivation de la composition, est caractérisée par des altérations de la série « théorique » produites par le renversement et la transposition des intervalles de la configuration de base du modèle et par l'interposition de silences (exemple 2). De plus, la distribution instrumentale des hauteurs contribue ultérieurement à la fragmentation de la série dodécaphonique. Les valeurs d'intensité, comme on le verra, ne sont structurelles qu'au niveau de la macro-forme.

2. *Les dérivations*

L'ensemble des séries du premier mouvement de la *Symphonie* est dérivé à partir des trois principes compositionnels fondamentaux de la technique dodécaphonique : l'inversion, la rétrogradation et l'inversion rétrograde. Cependant, le plan complet de toutes les séries de la composition ne porte que sur vingt-quatre formes au lieu

Ex. 1. Série fondamentale (modèle)

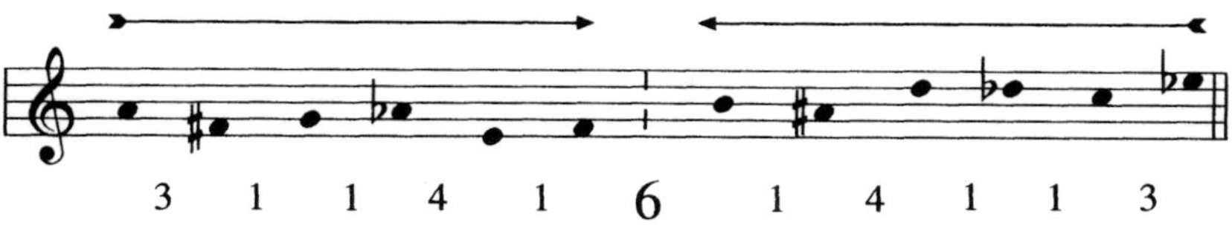

Ex. 2. Série fondamentale (dérivation) : mes. 1-12

des quarante-huit ordinaires (12 fondamentales, 12 inversions, 12 rétrogrades et 12 inversions des rétrogrades). En effet, en raison de la configuration très particulière du modèle sériel, la forme rétrograde correspond à la série fondamentale transposée d'un intervalle de triton (exemple 3).

Comme on a pu le constater pour la série dérivée aux mesures 1-12, toutes les autres séries dérivées de la composition sont altérées par le renversement et la transposition des intervalles originaires, par l'interposition des silences et par la fragmentation instrumentale.

Le discours musical du premier mouvement est structuré selon le principe compositionnel du canon double (à quatre voix) par mouvement contraire. Les réductions des exemples ont pour objectif de mettre en évidence la parfaite symétrie des imitations rythmiques et instrumentales.

Les premiers trois canons sont ainsi conçus sous forme de canons inverses en ce qui concerne le paramètre des hauteurs, tandis que les paramètres rythmique et instrumental suivent la règle de la simple imitation linéaire (exemple 4). En ce qui concerne l'imitation instrumentale, il faut souligner que les différents types de cordes, comme la clarinette et la clarinette basse, constituent des familles structurelles homogènes. Ainsi, l'imitation instrumentale peut être réalisée, par exemple, par l'emploi de la clarinette basse qui imite la clarinette ou encore par l'alto imitant le violoncelle (canon I).

Les canons IV et V introduisent des nouveautés intéressantes concernant les critères d'organisation du matériau dodécaphonique et notamment par rapport à l'organisation formelle de la composition (exemple 5). Comme pour les trois canons du début, le principe compositionnel du canon par mouvement contraire aux hauteurs est exploité aussi pour la construction des canons IV et V. En revanche, en ce qui concerne l'imitation instrumentale linéaire, on décèle des altérations de la symétrie parfaite. Au paramètre des durées, exception faite

Ex. 3. Séries dérivées

Ex. 4. Canons I, II et III

Canon I.1

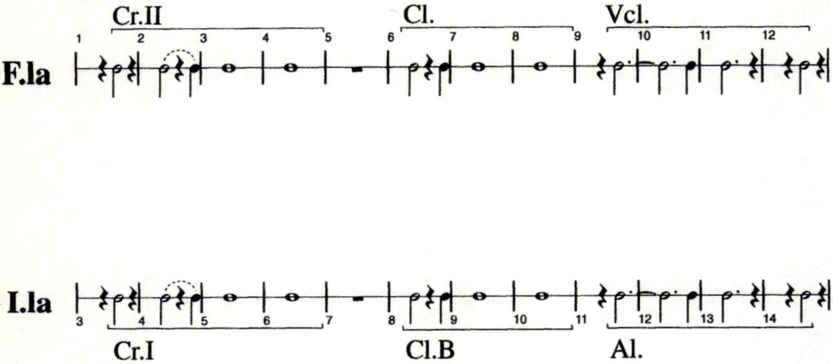

Canon I.2

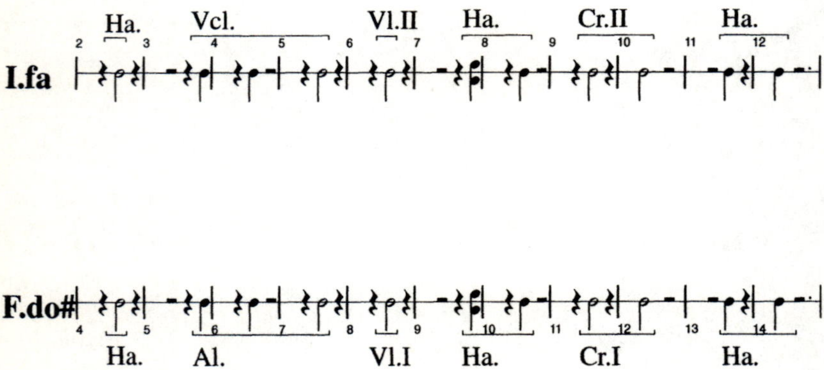

Canon II.1

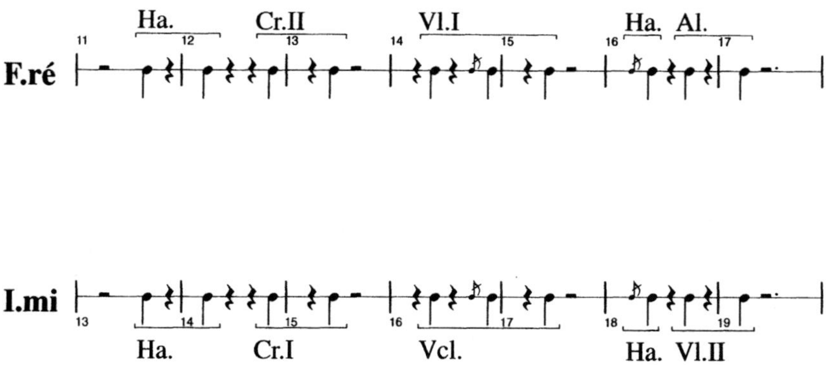

Canon II.2

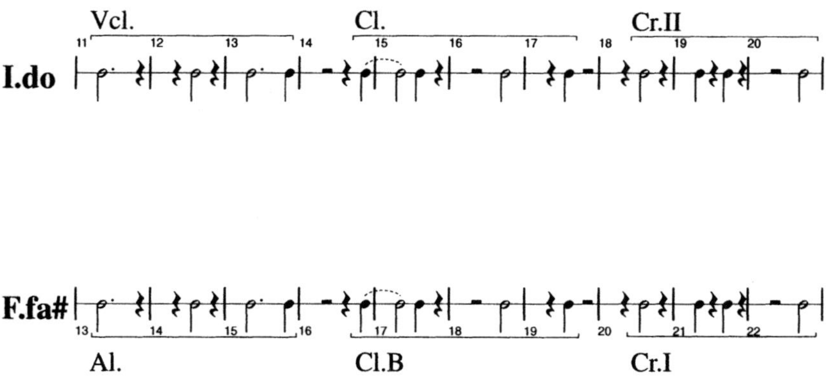

Canon III.1

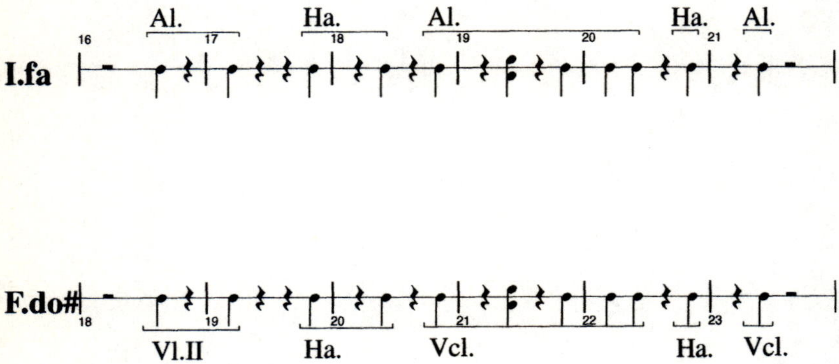

Canon III.2

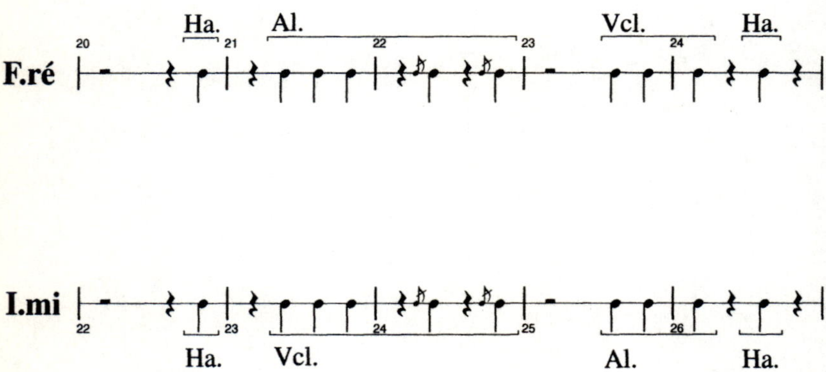

Ex. 5. Canons IV et V

Canon IV.1

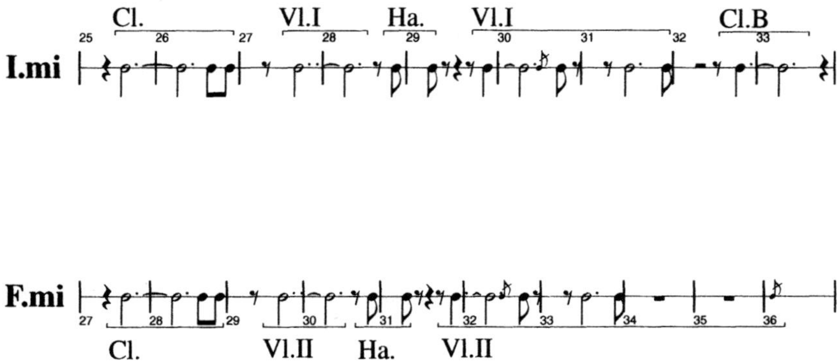

Canon IV.2

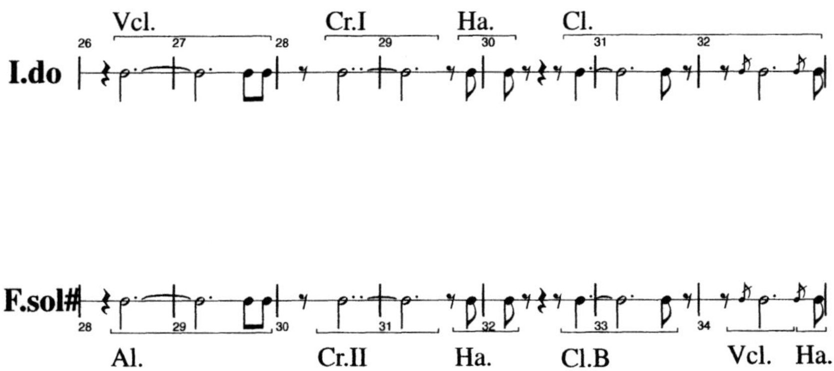

Canon V.1

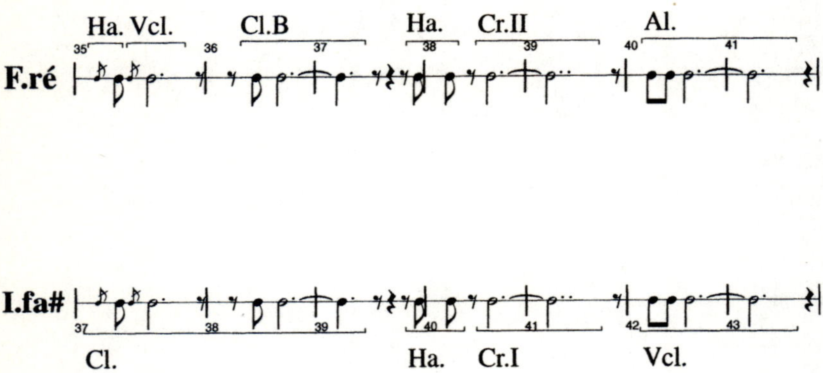

Canon V.2

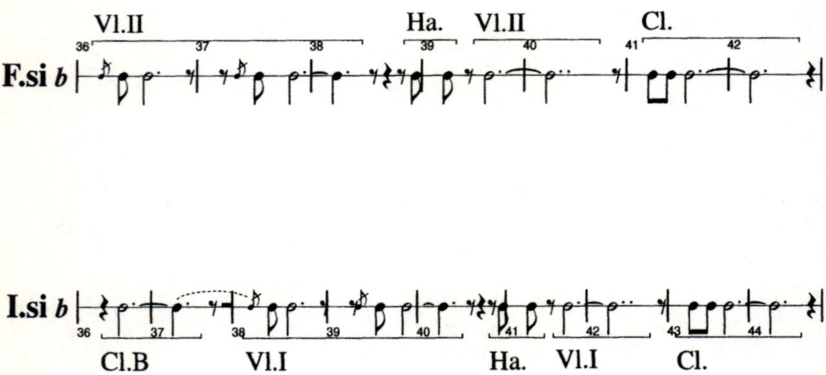

pour des petites modifications dues très probablement à la construction du miroir (cf. *infra*), on retrouve le critère de l'imitation linéaire.

À un niveau d'articulation supérieur, on découvre des relations structurelles importantes. Les séries de hauteurs du canon IV sont corrélées aux séries du canon V selon le critère de la rétrogradation (table 1).

Table 1. Miroir des séries (canons IV et V)

Canon IV		***Canon V***	
I. mi (25^{b})	—	I. si*b* (36)	[= R.I. mi]
I. do (26)	—	I. fa# (37)	[= R.I. do]
F. mi (27)	—	F. si*b* (36)	[= R.F. mi]
F. sol# (28)	—	F. ré (35)	[= R.F. sol#]

De plus, les canons instrumentaux et rythmiques respectent strictement le même principe compositionnel de l'imitation rétrogradée (exemple 6).

En ce qui concerne le processus à miroir des valeurs de durée, il faut remarquer que les *acciaccature* mettent bien en relief la rétrogradation rythmique à travers leurs changements de position dans le miroir — particularité propre à cet élément rythmique non mesuré.

Tous paramètres confondus, on peut ainsi définir le canon V comme le miroir exact du canon IV.

Les canons VI, VII et VIII (exemple 7) constituent en quelque sorte une reprise variée du début de la composition (canons I, II et III). En effet, on retrouve exactement les mêmes séries de hauteurs du début associées à des séquences de durées différentes. En revanche, les trois derniers canons ne respectent plus l'imitation instrumentale rigoureuse. On peut raisonnablement supposer qu'ici Webern développe le principe compositionnel de la variation instrumentale déjà

Ex. 6. Miroir de durées et de timbres (canons IV et V)

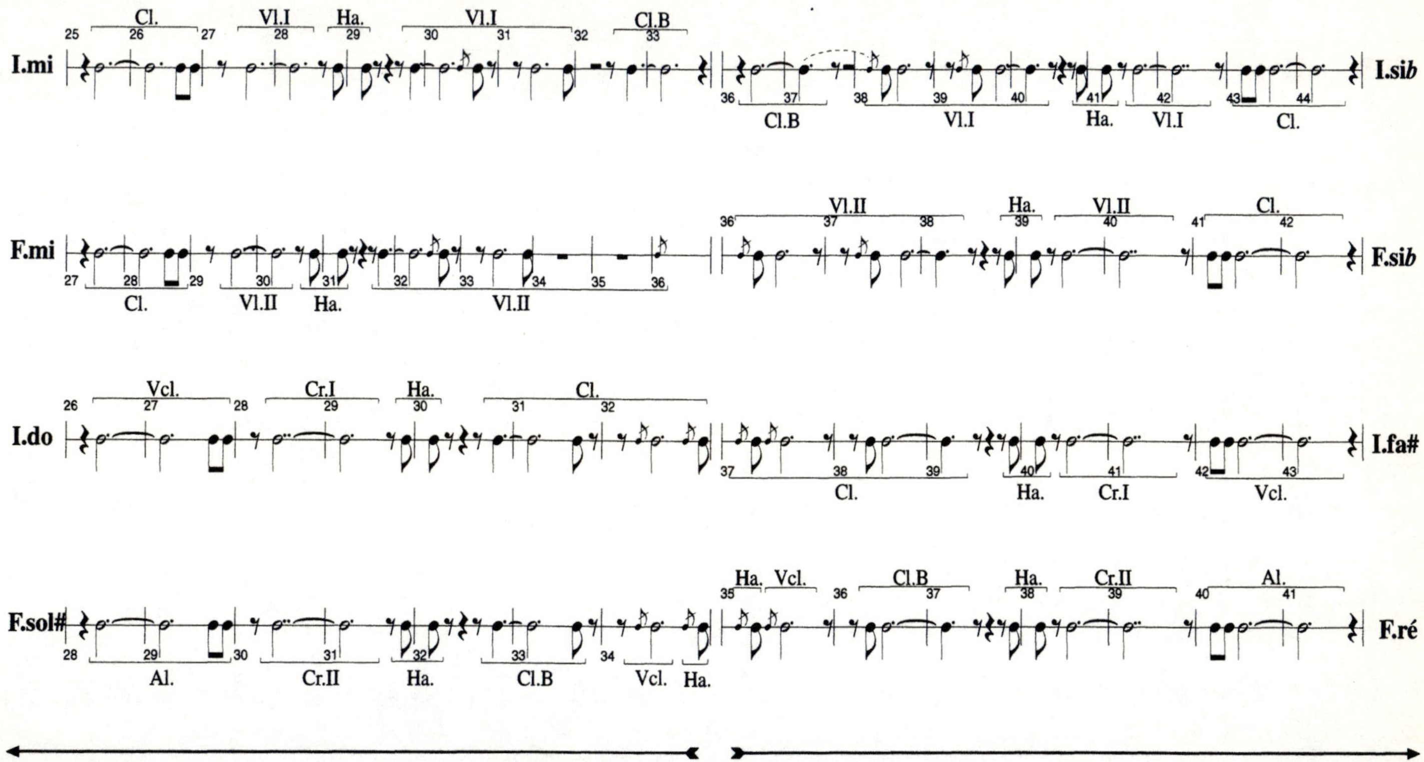

Ex. 7. Canons VI, VII et VIII

Canon VI.1

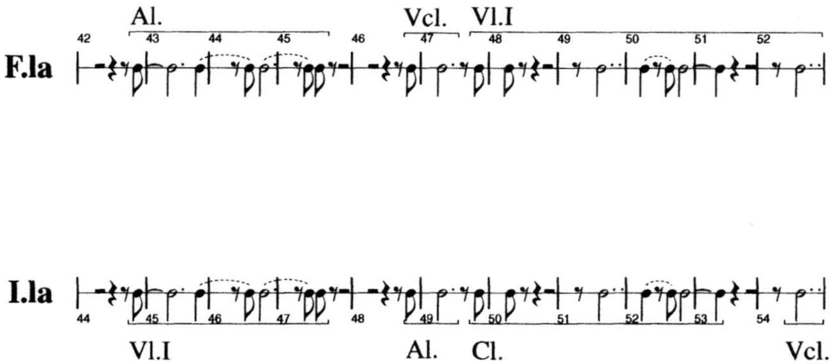

Canon VI.2

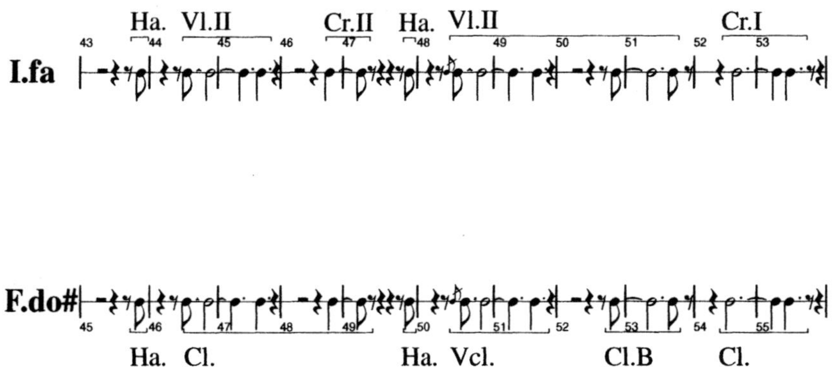

Canon VII.1

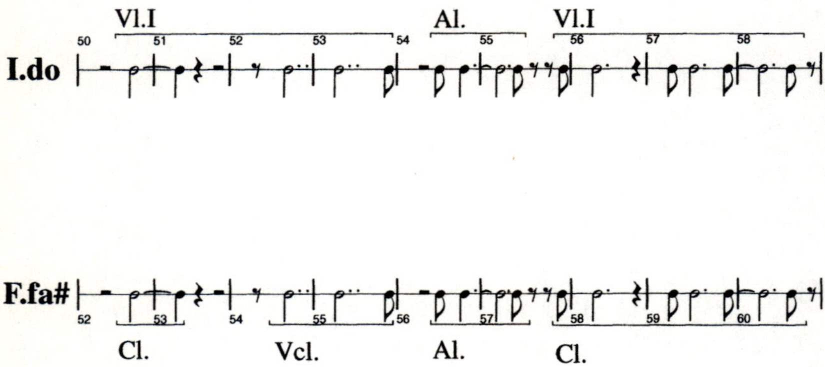

Canon VII.2

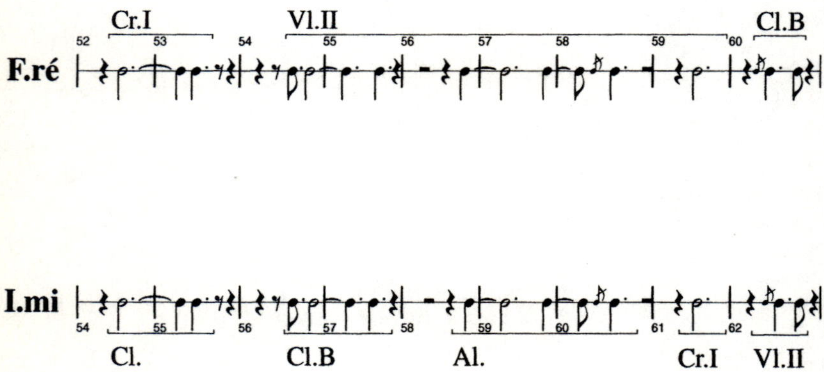

Canon VIII.1

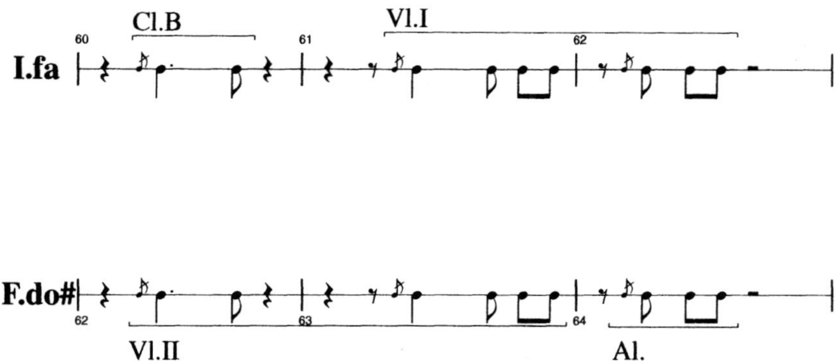

Canon VIII.2

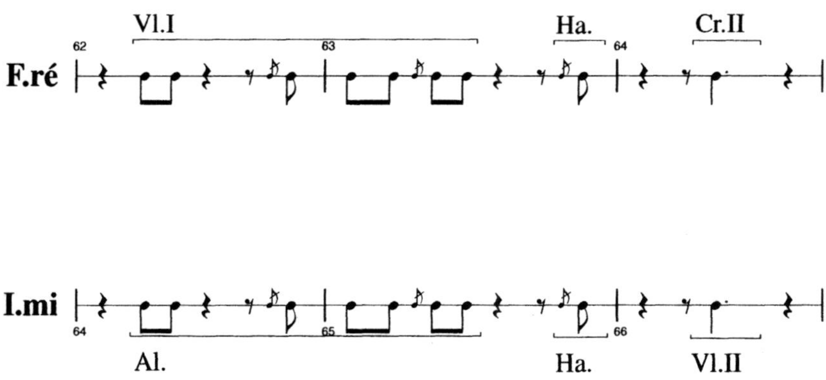

esquissé dès le début de la composition dans la série fondamentale et ensuite exploité pour les adaptations instrumentales internes au canon IV ayant pour but d'accomplir le miroir parfait avec le canon V.

3. *La forme*

L'analyse formelle du premier mouvement de la *Symphonie* ne peut faire l'économie d'une réflexion préalable sur les unités de sens du discours musical. En effet, si à première vue les unités accomplies sur lesquelles se base prioritairement la construction musicale sont des séries de hauteurs, du point de vue d'une perception plus immédiate, l'œuvre semblerait être plus fortement caractérisée par la succession des segments timbriques, c'est-à-dire les imitations linéaires des instruments. En effet, par rapport à notre tradition de l'écoute, de toute évidence il est plus simple de repérer des petits groupes de notes imitées par les mêmes timbres plutôt que de déceler la série des douze hauteurs dans toute sa complexité, fragmentée par l'intermédiaire à la fois de la distribution instrumentale et de l'interposition des silences. Ici on touche un des problèmes majeurs de la critique sérielle : la contradiction entre une très haute abstraction et la compréhension immédiate de l'œuvre. Ce raisonnement permet, peut-être, d'éclaircir davantage et d'une manière plus approfondie la perspective formelle de l'œuvre tout en restant fidèle à la construction objectivement sérielle de la composition.

À présent, on peut donc procéder à l'examen des caractéristiques formelles macroscopiques de l'œuvre (figure 1).

Les séries effectivement employées dans la composition sont au nombre de treize sur les vingt-quatre disponibles.

L'étude comparative des relations entre les canons doubles I, II et III met en évidence la double correspondance au

Fig. 1. Relations macroscopiques

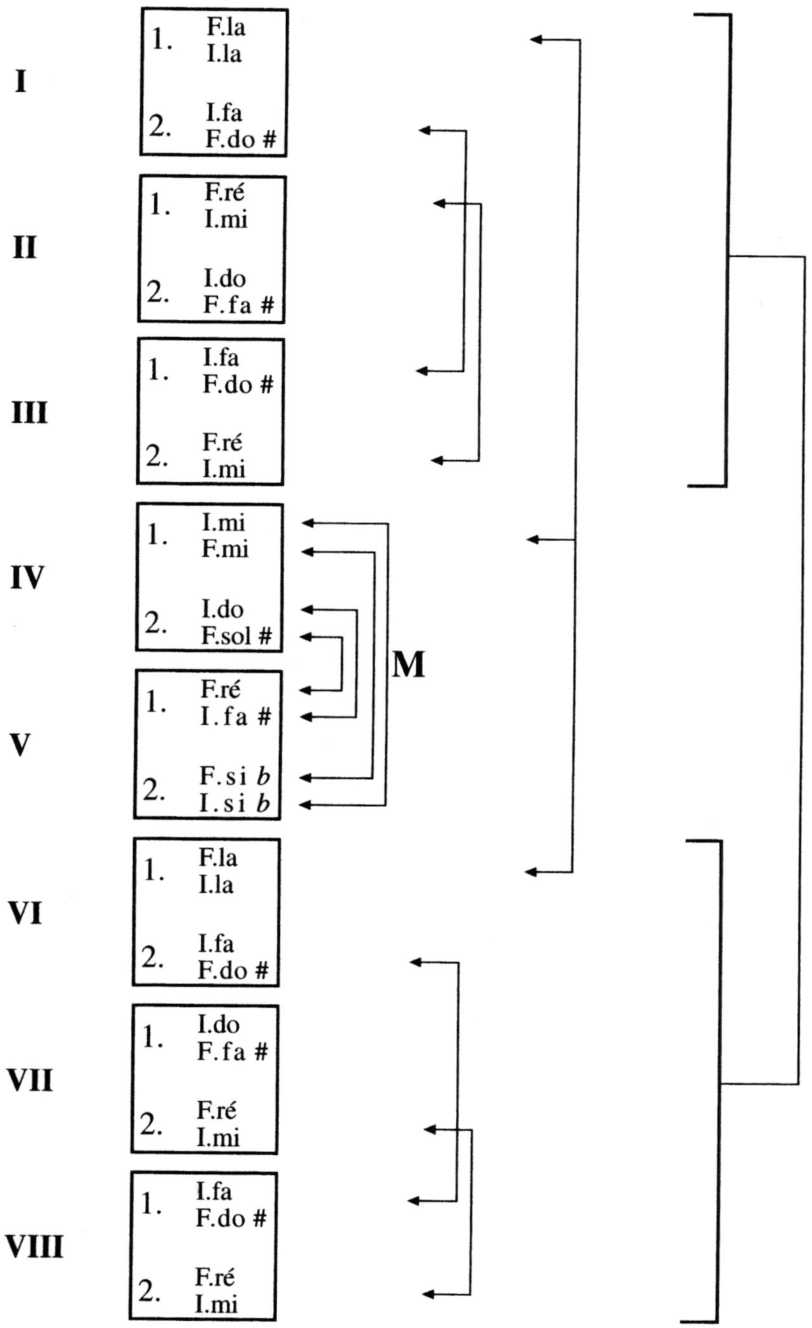

niveau des séries de hauteurs entre les canons simples I.2 et III.1, II.1 et III.2, ce qui donne de la cohésion interne au premier groupe de canons doubles (I, II et III). De plus, il faut souligner que le seul canon simple à ne pas être concerné par ces correspondances (II.2) est bâti sur l'intervalle de quinte diminuée, intervalle-pivot du modèle dodécaphonique fondamental.

À un niveau d'articulation plus haut, on remarque que le canon simple du début I.1 et le canon simple IV.1 sont les seuls fondés sur l'imitation par inversion non transposée (respectivement à partir des hauteurs *la* et *mi*). La même observation est valable pour le canon simple VI.1 (conséquence directe de la reprise intégrale et non modifiée des séries de hauteurs des canons I, II et III). De plus, l'organisation interne du canon double I est exactement la même que celle du canon double IV, c'est-à-dire que les relations intervalliques restent constantes (table 2).

Ces éléments de cohésion formelle sont reproduits dans le miroir du canon double V à la distance d'une quinte diminuée, intervalle-pivot du modèle dodécaphonique fondamental de la composition.

L'ensemble des canons VI, VII et VIII représente une reprise variée sur le plan instrumental et des durées avec fonction de coda (VIII).

Ainsi, en ce qui concerne la composition dans son ensemble, les choix des intervalles de transposition des canons ont été faits très probablement sur la base d'une recherche de la densité harmonique maximale, c'est-à-dire en évitant les unissons et les octaves par rapport au déroulement rythmique des séries. De plus, conformément à la pensée dodécaphonique de Schönberg, l'analyse permet d'affirmer que Webern a cherché à éviter le plus possible les superpositions harmoniques tonales qui auraient pu être engendrées accidentellement par la texture serrée des séries. Ainsi, en règle générale, on peut affirmer que la prégnance et l'économie, associées, constituent les critères qui régissent

Table 2. Relations intervalliques (canons I et IV)

Canon I		***Canon IV***
F. la **I. la**	*5 j.*	**I. mi** **F. mi**
6 min. *3 maj*		*6 min.* *3 maj.*
I. fa *5 +* **F. do#**	*5 j.*	**I. do** *5 +* **F. sol#**

Fig. 2. Schéma formel

A			**B**		**A^1**		
(*p-mp*)			(*pp*)		(*f*)		(*p-pp*)
a	**a**	**b**	**c**	**c^m**	**a^1**	**a^1**	**b^1**
I	II	III	IV	V	VI	VII	VIII

l'articulation du matériau de l'œuvre. Notamment, l'économie est donnée par l'exploitation partielle des séries disponibles, la prégnance est engendrée par la densité de la texture harmonique.

À présent, il faut dépasser le niveau descriptif limité aux relations internes aux canons pour qu'on puisse donner une image globale et cohérente du premier mouvement de la *Symphonie*. Les caractéristiques formelles macroscopiques permettent d'établir un regroupement concernant les canons I et II et le canon *final* III (figure 2). En effet, la cohésion interne du groupe (canons I, II et III) et la reprise des caractéristiques morphologiques du canon IV, signe d'une césure formelle nette — validée, en plus, par l'introduction de la procédure compositionnelle à miroir — confirment cette hypothèse.

Chez Webern, les signes de répétition, les indications agogiques comme les points d'orgue et les prescriptions de tempo (*accelerando, ritardando*, etc.) ont toujours une fonction formelle précise. Or, dans cette composition ces signes interviennent en correspondance des passages entre les canons II et III (mesures 17-19 : *calando — tempo*) et à la fin du canon III (mesures 23-25 : *ritardando — tempo, da capo*). Les points d'orgue marquent géométriquement le centre du miroir des canons IV et V (mesures 33 et 35) et, conjointement aux indications *ritardando — tempo*, le début du dernier groupe de canons (VI, VII et VIII) aux mesures 45-47. Enfin, une séquence de signes « *ritardando — tempo* » marque tout au long le dernier canon-coda, plus raréfié par rapport aux précédents.

Ainsi, les césures agogiques, conjointement aux caractéristiques formelles intrinsèques, permettent d'établir des différentiations internes aux groupes de canons. De plus, le cadre général des valeurs d'intensité confirme avec exactitude cette hypothèse.

4. *Evaluations*

Le premier objectif de ce paragraphe sera d'esquisser synthétiquement les caractères stylistiques fondamentaux de la production dodécaphonique de Webern. Les œuvres dodécaphoniques de Webern présentent différentes particularités. Premièrement, on constate l'exploitation serrée et unilatérale avec fonction formelle des principes compositionnels du canon et de la variation. Le second mouvement de la *Symphonie* op. 21 comporte un thème suivi de sept variations et coda. Deuxièmement, l'agencement webernien de la série fondamentale par l'intermédiaire des procédures à miroir donne comme résultat des configurations complexes composées par des micro-séries. En effet, le recours à la manipulation interne par rétrogradation, inversion, rétrogradation et inversion transposée ayant pour but d'aboutir à un équilibre interne est tout à fait typique de son style. En particulier, on retrouve le même genre de construction dans deux autres œuvres importantes du compositeur : le *Concerto* op. 24 (1934) et les *Variations* op. 30 (1940). Enfin, on note la fragmentation instrumentale renforcée par l'utilisation structurelle des silences et par l'asymétrie rythmique.

La technique de Webern de construction des séries et la recherche de l'asymétrie rythmique constituent à la fois les caractéristiques distinctives de son style qui le différencient nettement de Berg et Schönberg, les autres compositeurs dodécaphoniques de l'Ecole de Vienne. En effet, en règle générale, la fragmentation par micro-séries morphologiquement familières de Webern se différencie de la construction des séries « tonales » de Berg. L'asymétrie rythmique et l'exploitation serrée des silences contrastent notamment par rapport à l'organisation rythmique à caractère presque « tonale » des œuvres dodécaphoniques de Schönberg.

Pour terminer, on voudrait essayer de comprendre

comment et en quelle mesure la production dodécaphonique de Webern a pu influer sur l'évolution historique du sérialisme. Les aspects les plus caractéristiques de la musique dodécaphonique de Webern, à savoir les procédures compositionnelles finalisées à la fragmentation de la série, ont été très probablement au centre de l'intérêt de la génération de compositeurs sériels postérieure à Webern. En effet l'apparition de l'asymétrie rythmique, l'interposition serrée et structurelle des silences et les césures instrumentales des séries ont représenté une véritable innovation. Or, les jeunes compositeurs sériels de la génération « postwebernienne » (Karlheinz Stochkausen, Luigi Nono et Pierre Boulez) ont interprété et mis en cause ces anomalies dans la perspective d'un ultérieur développement de la technique sérielle. En particulier, la structuration de l'ensemble des douze sons par micro-séries a ouvert le chemin vers une phase évolutive intermédiaire du langage sériel : les séries non obligatoirement de douze sons. La fragmentation rythmique et instrumentale a indiqué la destination finale du sérialisme : la série généralisée à tous les paramètres.

CHAPITRE VII

KARLHEINZ STOCKHAUSEN
LE MODELE « MAGIQUE » DE *MANTRA*

Mantra (1970), œuvre « cosmique » de Karlheinz Stockhausen pour deux pianistes, cymbales antiques, *woodblocks*, modulateurs en anneau, récepteur d'ondes courtes et voix, est la pure émanation d'une formule magique, le « mantra », qui régit totalement l'organisation de l'œuvre et son déroulement à tous les niveaux structuraux. L'architecture de *Mantra* est une véritable miniature de l'ordre global du cosmos : sa formalisation se présente à la fois comme une image du micro-cosmos et du macro-cosmos.

Les parties des pianos ont une fonction primordiale dans la construction de l'œuvre. Les interventions des cymbales marquent les moments formels importants de *Mantra*, tandis que les *woodblocks* jouent un rôle structurel de ponctuation rythmique moins important. Le récepteur d'ondes courtes et les voix, associés, ont un rôle épisodique et complémentaire. En revanche, les modulateurs en anneau ont une fonction très importante, leur rôle étant intimement lié au déroulement des parties pianistiques.

1. *Le modèle « magique »*

Le but de ce paragraphe est de définir le modèle unique de *Mantra* et les règles qui instruisent les procédures de dérivation. Pour ce faire, on procédera à une approche de type paramétrique (hauteurs, durées et intensités) et on s'attardera aussi sur l'étude des caractérisations timbriques propres à chaque note du modèle.

La formule magique de *Mantra*, modèle unique de la composition, détermine intégralement le fonctionnement et la formalisation de l'œuvre. La première unité de sens de *Mantra* présente déjà, intrinsèquement, toutes les caractéristiques fondamentales du modèle qui seront ensuite exploitées et orientées de façon originale aux différents niveaux d'articulation pour le déploiement de la composition. Elle peut donc faire office de modèle dans l'exemple 1 (couverture de la partition).

L'ensemble des valeurs de durée du modèle mantrique est organisé en quatre membres espacés par des silences. Le membre I présente la séquence de durées suivante : 1 temps, 2 temps, 3 temps et 4 temps. Le silence entre les membres I et II dure 3 temps. Le membre II propose une séquence de quatre notes de la même durée (1 temps) suivies d'une note qui dure 1 temps pointé et d'une dernière note de la durée d'un demi-temps. Leur rapport de proportion est le suivant : 2 unités (croches), 3 unités et 1 unité. Le silence après le membre II est de 2 temps. Le membre III est composé par la séquence suivante : 5 temps, 2 temps, 1 temps, 3 temps et 4 temps. Le silence qui s'enchaîne dure 1 temps. Enfin, le membre IV présente la succession des durées suivantes : 4 temps, 2 temps et 6 temps. Le dernier silence dure 4 temps. Le total des durées du modèle (les notes plus les silences) comporte 53 temps (53 unités de durée). Il faut souligner que si dans le cas spécifique de l'exemple (la première dérivation concrète de la composition) l'unité de durée est la noire, les autres dérivations peuvent être élaborées sur la base d'unités

Ex. 1. Le modèle de *Mantra*

Stockhausen-Verlag, 51515 Kürten, Germany (fax 0049 2268 1813 — www.stockhausen.org)
All Stockhausen scores, CDs and books may be ordered directly from the *Stockhausen-Verlag*

Ex. 2. Configuration des hauteurs

de durée différentes tout en respectant les proportions rythmiques prescrites par les règles du modèle (cf. *infra*).

Les 13 hauteurs du modèle (exemple 2) constituent dans l'ensemble une série dodécaphonique avec répétition du premier élément (*la*). Dans la série fondamentale (portée supérieure), on trouve tous les intervalles par rapport à la note centrale *la* : la seconde majeure (*si*), la septième majeure (*sol* dièse), la quinte juste (*mi*), la sixte mineure (*fa*), la quarte juste (*ré*), la septième mineure (*sol*), la quinte diminuée (*mi* bémol), la tierce majeure (*do* dièse), la tierce mineure (*do*), la seconde mineure (*si* bémol) et la sixte majeure (*fa* dièse transposé). Les hauteurs à la portée inférieure sont le miroir de la série primaire, c'est-à-dire le résultat de l'inversion des intervalles.

La disposition des hauteurs à la portée inférieure est conçue à partir de l'inversion de la série fondamentale. En particulier, on trouve un agencement par inversion d'ordre des couples des membres, ce qui donne la séquence suivante : II, I, IV et III.

Chaque note est caractérisée par un mode de jeu différent. La première note (membre I), le *la*, est marquée par la répétition régulière. Le *si* est présenté sous forme de chute accentuée : la note avec le triple point est suivie d'une triple croche accentuée. Le *sol* dièse prescrit une exécution normale. Enfin le *mi* est anticipé par un gruppetto de notes de la même durée qui touchent deux fois la note centrale avant de la tenir.

En ce qui concerne le membre II, on trouve un trémolo très lent sur les notes *fa*-*ré*. Ensuite, un agrégat de hauteurs se cristallise sur la note *ré*. Cet accord est le résultat de la superposition de la totalité des notes qui ont joué à la portée inférieure jusqu'à ce moment.

Le membre III commence par un *sol* accentué au départ. On retrouve la même figure rythmique du *si* du membre I (chute accentuée) mais avec l'augmentation de la durée générale de l'événement. Le *mi* bémol suivant est caractérisé par une descente chromatique. Le principe compositionnel de la descente chromatique se base sur l'idée de lier deux « notes fondamentales » par l'ensemble des notes chromatiques intermédiaires. Ce principe se révélera fort intéressant car *Mantra* s'organise sur un dispositif de différentes gammes qui permet la transition d'un état chromatique à une situation de type modal (cf. *infra*). Le *ré* bémol est staccato. La séquence des deux *do* qu'on trouve à la fin du membre III se base sur l'idée de la juxtaposition de notes ayant des valeurs de durée inégales. Cette séquence propose donc un rythme du genre morse.

Le début du membre IV est caractérisé par le trille sur la note *si* bémol. Le *sol* bémol suivant est présenté *sforzando*, c'est-à-dire qu'on obtient un effet d'écho (*f-p*) sur l'entité musicale minimale : la note unique. La dernière note, le *la* répété, est caractérisée par l'arpège ascendant.

Les valeurs d'intensité sont 13 : (1) *ff*, (2) *f*, (3) *sfz*, (4) *p-f*, (5) *mf*, (6) *mf*, (7) *mp*, (8) *mp*, (9) *p*, (10) *p*, (11) *p*, (12) *p>pp* et (13) *pp*. On trouve la répétition des valeurs *mf* (répétée deux fois), *mp* (répétée deux fois), *p* (répétée trois fois).

2. *Les dérivations*

Dans ce paragraphe, on se consacrera à l'étude des processus de dérivation à partir du modèle unique de *Mantra*. En particulier, on essayera de montrer comment Stockhausen a su exploiter de façon originale et intéressante le potentiel du modèle unique pour bâtir une œuvre importante.

Comme on l'a souligné dans le paragraphe précédent, les dérivations mantriques s'articulent sur la base des mêmes proportions de durée que celles du modèle, ce qui diffère est l'unité de durée. Voici donc l'ensemble complet des unités de durée qu'on trouve dans les différentes occurrences du modèle : la triple croche (1/32), la double croche (1/16), la croche (1/8), la noire (1/4), la blanche (2/4) et la ronde (4/4).

Ainsi, le principe compositionnel d'articulation des durées est fondé sur des critères d'augmentation (dilatation) et de diminution (contraction).

Les règles heuristiques de dérivation ne se limitent pas aux principes d'augmentation et de diminution mais portent aussi sur l'articulation de la combinatoire rythme-hauteurs. En effet, on trouve un total de 12 combinaisons différentes qui mettent en jeu 4 membres rythmiques et 4 membres de hauteurs (exemple 3, cf. l'esquisse pré-compositionnelle de Stockhausen, 1978 : 162).

Les hauteurs des dérivations mantriques s'articulent à partir de 12 gammes différentes (exemple 4)[1]. La première est la gamme chromatique. La deuxième présente des intervalles de ton entre le II et le degré III et entre le VIII et le degré IX. Dans la troisième gamme, on trouve l'intervalle de ton entre le I et le degré II, le III et le IV, le V et le VI, le IX et le X, le XI et le XII. Ensuite, on trouve à la fois une augmentation progressive du nombre des intervalles non-chromatiques et de leur étendue au fur et à mesure qu'on se rapproche de la douzième gamme qui comprend l'entier ambitus du piano dans l'espace de « deux octaves mantriques ». Le principe fondateur des gammes est le même que celui adopté pour l'organisation des durées : l'augmentation (dilatation). Dans ce cas, on obtient une séquence d'échelles qui prend comme point de départ la gamme chromatique et qui aboutit à onze échelles modales différentes.

Les dérivations du modèle sont ainsi construites sur la base des douze échelles modales. L'exemple 5 montre la série des hauteurs dérivées de la douzième gamme de *Mantra* : la hauteur-pivot est le *mi*. (cf. l'esquisse pré-compositionnelle de Stockhausen, 1978 : 162). Les notes des douze dérivations respectent le numéro de position de la série

[1] Reproduction d'une esquisse pré-compositionnelle de Stockhausen (1978 : 161).

Ex. 3. Membres rythmiques I-IV

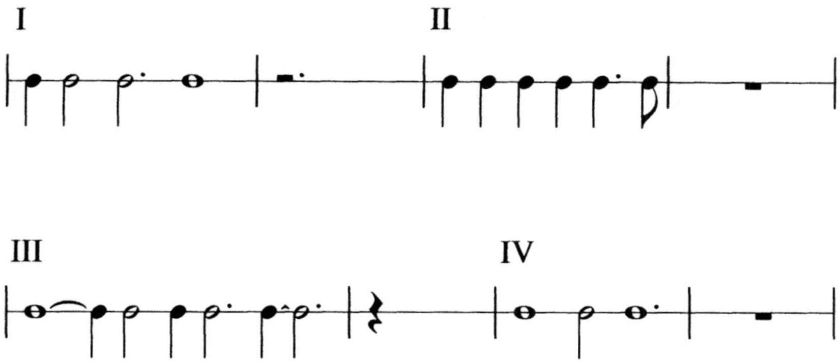

Ex. 5. Série dérivée 12

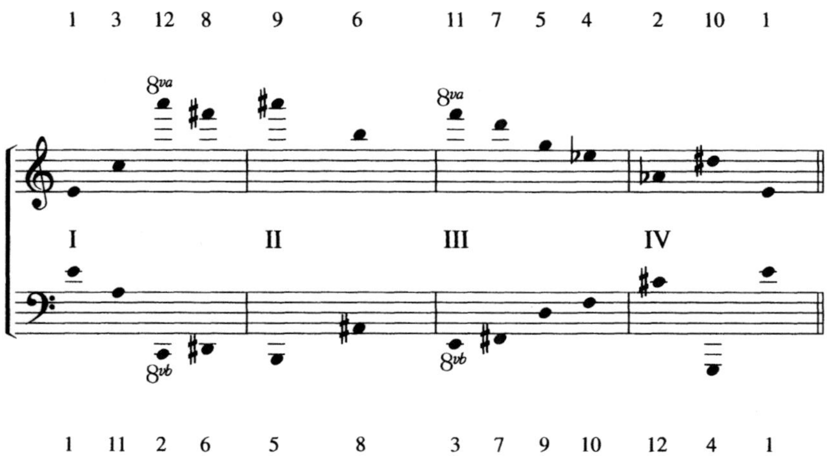

Ex. 4. Les gammes de *Mantra*

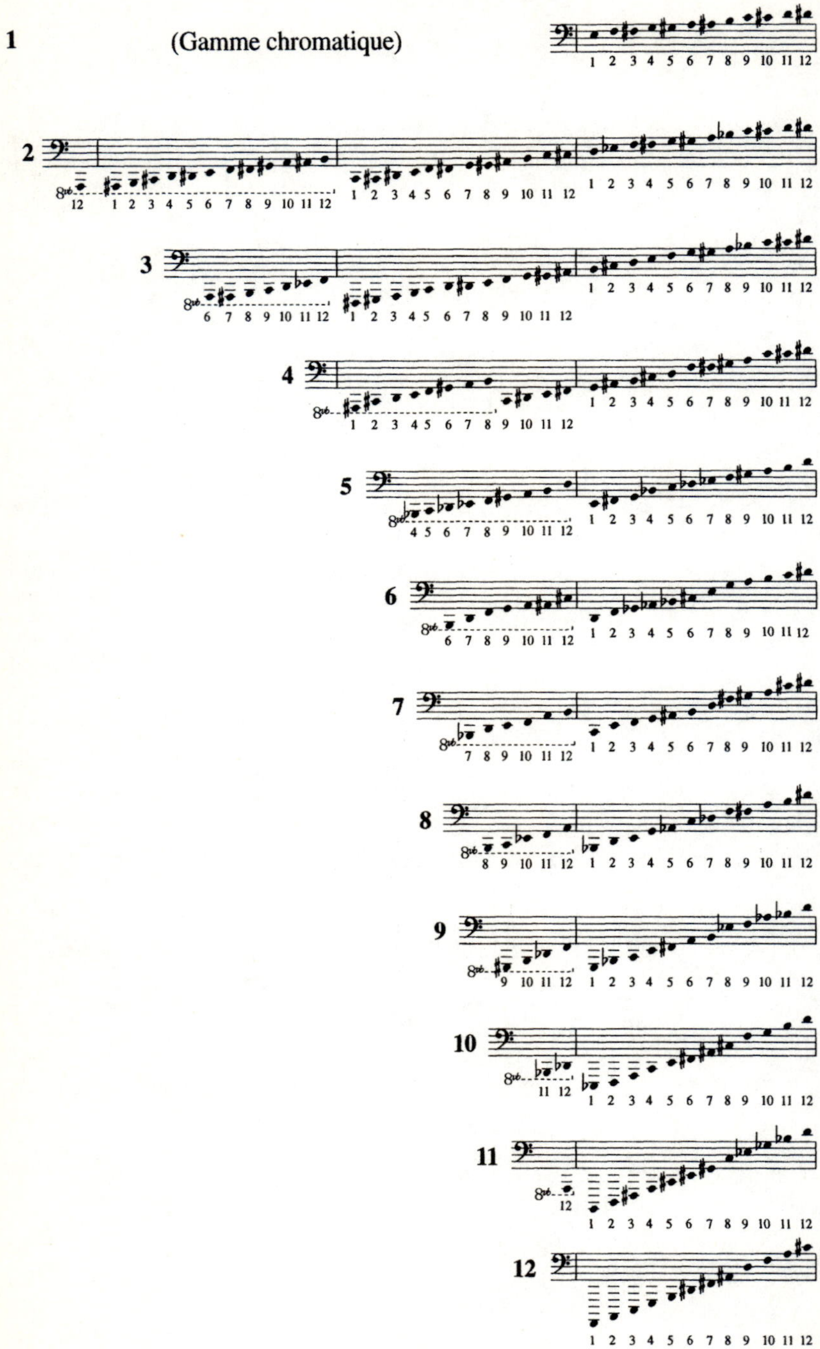

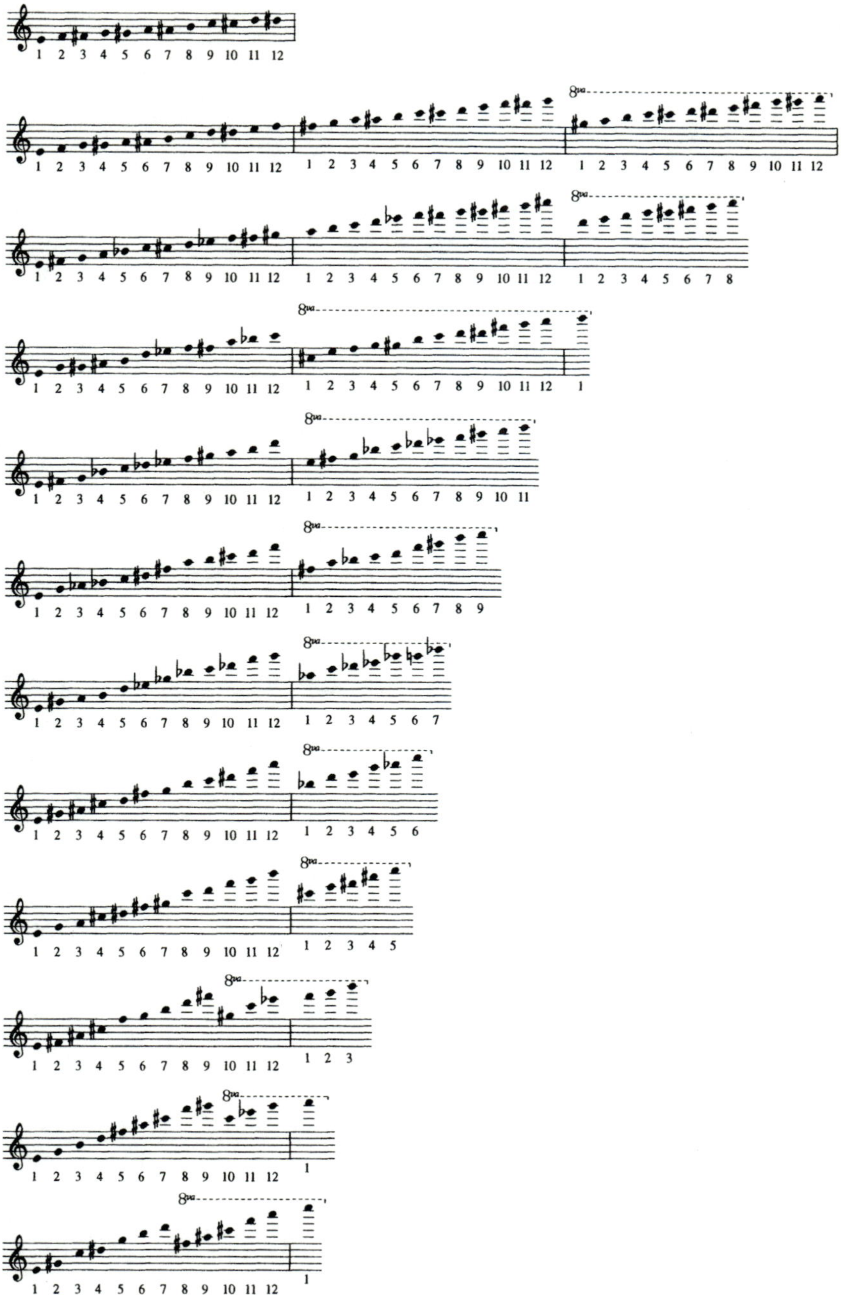
1 2 3 4 5 6 7 8 9 10 11 12
8va
1 2 3 4 5 6 7 8 9 10 11 12 1 2 3 4 5 6 7 8 9 10 11 12 1 2 3 4 5 6 7 8 9 10 11 12
8va
1 2 3 4 5 6 7 8 9 10 11 12 1 2 3 4 5 6 7 8 9 10 11 12 1 2 3 4 5 6 7 8
8va
1 2 3 4 5 6 7 8 9 10 11 12 1 2 3 4 5 6 7 8 9 10 11 12 1
8va
1 2 3 4 5 6 7 8 9 10 11 12 1 2 3 4 5 6 7 8 9 10 11
8va
1 2 3 4 5 6 7 8 9 10 11 12 1 2 3 4 5 6 7 8 9
8va
1 2 3 4 5 6 7 8 9 10 11 12 1 2 3 4 5 6 7
8va
1 2 3 4 5 6 7 8 9 10 11 12 1 2 3 4 5 6
8va
1 2 3 4 5 6 7 8 9 10 11 12 1 2 3 4 5
8va
1 2 3 4 5 6 7 8 9 10 11 12 1 2 3
8va
1 2 3 4 5 6 7 8 9 10 11 12 1
8va
1 2 3 4 5 6 7 8 9 10 11 12 1

du modèle mais les hauteurs et les intervalles changent. En effet, en remontant vers les gammes mantriques d'ordre supérieur, on trouve un élargissement progressif et évident du profil mélodique du modèle d'origine. De plus, on perd davantage le miroir symétrique de la série complémentaire (portée inférieure).

En ce qui concerne le critère de dérivation des caractéristiques timbriques du modèle, on trouve deux possibilités principales d'articulation. Premièrement, on peut avoir la domination d'un ou plusieurs caractères pour une seule dérivation Deuxièmement, on peut trouver tous les caractères de timbres dévoilés dans une seule dérivation conformément au modèle.

De même en ce qui concerne le paramètre des intensités : on peut trouver la domination d'une ou plusieurs valeurs dynamiques dans une seule dérivation ou l'exploitation de toutes les valeurs dynamiques dans une seule dérivation.

Dans la table analytique des treize cycles de *Mantra* (table 1), on constatera que chaque dérivation est composée par une séquence des durées ayant les mêmes proportions que celles du modèle, mais réglée sur une unité de durée choisie parmi les six. Les hauteurs appartiennent à une des douze gammes mantriques. On peut avoir la domination d'un caractère ou le déploiement de tous les caractères. On peut trouver la domination d'une valeur dynamique ou la distribution de toutes les valeurs dynamiques.

Le premier cadre de la table porte sur le cycle I de l'œuvre (cf. *infra* le schéma formel). Comme on l'a souligné précédemment, la première occurrence (mesures 3-10) fait effectivement office de modèle générateur, elle constitue le commencement de l'œuvre (l'origine et la source du macrocosmos de *Mantra*) et reste donc formellement en dehors du cycle I.

Les dérivations mantriques suivantes sont marquées graphiquement par le numéro d'échelle. Ainsi, on trouve, dans l'ordre, les séries dérivées 1 (mesures 12-60), 3

Table 1. Cycles de dérivations mantriques I-XIII[1]

I

Mes.	*Piano*	*Série*	*Car.*	*Dyn.*	*Durée*	*Cym.*
12-60	I-II	la 1	rép.	pp	libre	si
12-20	II	la 3	chute	p-f	1/4	
13-15	I	la 12	normal	mp	1/16	
19-20	I	la 8	grupp.	p	1/32	
22-25	II	la 9	trémolo	pp	1/16	sol#
26-30	I	la 6	accords	mf	1/16	
30-38	II	la 11	départ	ff	1/8	
39-46	I	la 7	chrom.	mf	1/8	
47-52	I-II	la 5	stacc.	f	1/8	
53-69	I	la 4	morse	p	**2/4**	
56	II	la 2	tr.	mp	1/32	
59-60	II	la 10	écho	sfz	1/16	
61-65	I	la 1	arpèges	p>pp	libre	

II

Mes.	*Piano*	*Série*	*Car.*	*Dyn.*	*Durée*	*Cym.*
62-65	II	si 1	arpèges	mf	1/8	
68	II	si 3	chute	mp-ff	1/32	
68-69	II	si 12	normal	mp	1/32	
71-72	I	si 8	grupp.	mp	1/32	
73-74	I	si 9	accords	f	1/32	mi
75-76	I	si 6	trémolo	p	1/32	
77-78	I	si 11	chrom.	fff	1/16	
79-80	I	si 7	départ	f	1/32	
81-82	I	si 5	morse	ff	1/32	
83-84	I	si 4	stacc.	mp	1/32	
85-86	I	si 2	tr.	mf	1/32	
87-88	I	si 10	écho	sfz	1/32	

[1] Toutes les indications qui concernent les numéros de séries, les caractères et les dynamiques, à l'exception des indications marquées par l'astérisque (*), sont tirées d'une esquisse pré-compositionnelle de Stockhausen (1978 : 162).

III

Mes.	*Piano*	*Série*	*Car.*	*Dyn.*	*Durée*	*Cym.*
89-90	I-II	sol# 1	rép.	p-f	1/32	fa-ré
91-100	I-II	sol# 6	chute	p	1/4	
92-94	II	sol# 12	départ	mp	1/32	
97-99	I-II	sol# 8	normal	p	1/18	
99-102	II	sol# 9	grupp.	pp	1/32	
102-08	II	sol# 3	accords	mf	1/8	
105-06	I	sol# 11	trémolo	ff	1/32	
110-18	II	sol# 7	chrom.	mf	1/4	
114	I	sol# 5	stacc.	p	1/32	
121	II	sol# 4	morse	f	1/32	ré
122-23	II	sol# 2	écho	sfz	1/32	
124	II	sol# 10	tr.	mp	1/32	

IV

Mes.	*Piano*	*Série*	*Car.*	*Dyn.*	*Durée*	*Cym.*
125-31	I	mi 1	normal	f-p	1/8	
125-26	II	mi 3	rép.	f-p	1/16	
126-27	I-II	mi 12	chute	mp	libre	
128-31	II	mi 8	départ	mf	1/16	sol
132-40	II	mi 10	accords	pp	1/4	
146-50	II	mi 6	normal[I]	p	1/8	
152-87	I-II	mi 11	tous	toutes	**4/4**	
189-91	II	mi 7	stacc.	p	1/8	
192-94	II	mi 5	chrom.*	mp	1/16	
195-97	II	mi 4	stacc.*	mf	1/16	
198-200	II	mi 2	tr.+écho	f-p	1/16	
201-04	II	mi 9	trém.[II]	f-p	1/16	

[I] + gruppetto
[II] + écho

V

Mes.	*Piano*	*Série*	*Car.*	*Dyn.*	*Durée*	*Cym.*
205-07	II	fa 1	chute	pp<	1/16	
209-12	II	fa 3	accords	p<f>	1/16	
212-44	I-II	fa 12	normal	ff	1/8	mi^b
245-55	I	fa 8	arpèges	p	1/4	
246-47	II	fa 10	tr.	mp	1/16	
257-58	II	fa 6	trémolo	p<f	1/32	
259-61	II	fa 11	départ	mf>	1/32	
262-75	II-I	fa 5	chrom.	mp	1/4	
262	II	fa 7	normal	p	1/32	
268-70	I	fa 4	stacc.	f	1/32	ré^b
276-81	II	fa 2	écho	mp[I]	1/8	
280-310	I-II	fa 9	grupp.	mp-p	**2/4**	

VI

Mes.	*Piano*	*Série*	*Car.*	*Dyn.*	*Durée*	*Cym.*
282-85	II	ré 1	normal	pp-mp	1/32	
286-91	II-I-II	ré 3	chute	pp-p	1/32	
292-93	I	ré 12	rép.	pp-p	1/32	do
296	I	ré 8	rép.	pp	1/32	
300-03	II	ré 9	trémolo	p	1/16	
304-07	I	ré 7	écho	p[II]	1/8	
308-10	II	ré 11	dé+acc.	p<f>	1/16	si^b
311-18	I	ré 6	chrom.	mf<ff>	1/8	sol^b
315-16	II	ré 5	stacc.	ff	1/16	
318-28	I-II	ré 4	morse	p	1/4	
318-23	II	ré 2	tr.	mp<f>pp	1/8	
325-444	I-II	ré 10	acc.*	ff	1/16	

[I] Quasi sfz
[II] Poco sfz

VII

Mes.	*Piano*	*Série*	*Car.*	*Dyn.*	*Durée*	*Cym.*
445-46	I	sol 1	rép.	mf*	1/32	
447-50	II	sol 3	chute	p*	1/16	
448-51	I	sol 12	normal	mp*	1/16	
450-51	II	sol 5	grupp.	f>*	1/32	
452-53	II-I	sol 7	trémolo	ppp-pp*	1/32	
454-57	II	sol 6	accords	mf-ff	1/32	
458-64	II-I-II	sol 10	acc.+arp	ff>	1/8	la
466-71	II-I-II	sol 9	chrom.	mf	1/8	sol
472-77	II	sol 8	stacc.[I]	f	1/8	
478-84	I-II	sol 4	morse	p	1/8	
486-90	II-I	sol 2	tr.	mp	1/8	
486-87	I	sol 11	écho	f-ff	1/16	

VIII

Mes.	*Piano*	*Série*	*Car.*	*Dyn.*	*Durée*	*Cym.*
488-90	II	mi^b 1	rép.	ff	1/16	
492-526	II	mi^b 3	morse*	toutes	**4/4**	
493-95	II	mi^b 12	tous	toutes	1/16	
496-504	II	mi^b 8	tous	toutes	1/4	
508-09	II	mi^b 9	tous	toutes	1/32	
510-13	II	mi^b 7	normal	p-pp*	1/8	
521-22	I	mi^b 11	tous	toutes	1/32	si^b
525-28	I	mi^b 6	quasi nor.	mp<f>mp*	1/32	
530	II	mi^b 5	stacc-leg[II]	f*	1/8	ré
530-33	II	mi^b 4	stacc.	p	1/32	
535-36	II	mi^b 2	stacc.[III]	mp	1/16	
537-39	II	mi^b 10	stacc.	p-ff	1/16	

[I] +accords+arpèges
[II] +arpèges+chromatique
[III] +chromatique

IX

Mes.	*Piano*	*Série*	*Car.*	*Dyn.*	*Durée*	*Cym.*
538-39	I	ré^b 2	stacc.	p-ff	1/32	
540-46	II	ré^b 1	stacc.	p-ff	1/4	do#-mi
540-42	I	ré^b 9	stacc.	p-ff	1/16	
544-46	I	ré^b 8	stacc.	p	1/16	
548-55	I-II	ré^b 11	stacc.	p-f>pp	1/8	
556-62	II-I	ré^b 7	stacc.	p	1/8	
563-79	I	ré^b 12[I]	stacc.	mp-ff>	1/4	mi
563-64	I	ré^b 6	stacc.	p-mf-f	1/32	
567-69	II	ré^b 5	stacc.	p-ff>	1/32	
570-77	II	ré^b 4	stacc-leg	p>	1/32	
582-89	II	ré^b 3[II]	stacc.	p-f	1/8	
583-84	II	ré^b 10	stacc.	f>	1/16	

X

Mes.	*Piano*	*Série*	*Car.*	*Dyn.*	*Durée*	*Cym.*
587-89	I-II	do 1	morse	f	1/32	
590-91	I	do 3	morse*	f	1/16	
592-602	I-II	do 5	grup+écho	sfz	1/4	si
592-93	II	do 12	normal	f	1/16	
599-600	II	do 8	trémolo	pp-f*	1/32	
603-08	I	do 6[III]	sec.maj*	ff	1/8	mi^b
603-04	II	do 11	accords*	ff-f-pp	1/32	
605-06	II	do 9	normal*	mf-ff>-f>	1/16	
607	II	do 7	stacc.*	f>-ff>p	1/16	
608	II	do 4	normal*	f	1/32	
609	II	do 2	normal*	sfz-pp>	1/32	
610	II	do 10	stacc.*	ff	1/32	

[I] Pédale
[II] 3 et 10 : simultanées
[III] 6, 11, 9, 7 et 4 : simultanées

XI

Mes.	*Piano*	*Série*	*Car.*	*Dyn.*	*Durée*	*Cym.*
611	II	si^b 1	normal*	f-p	1/32	
612-13	I	si^b 3	normal*	f-p	1/16	fa
613-15	I	si^b 12	normal*	f-p	1/32	
616-17	I-II	si^b 8	normal*	f-p	1/32	
618-19	II	si^b 9	normal*	f-p	1/32	
619-21	II-I	si^b 6	normal*	f-p	1/32	
621-23	I	si^b 11	normal*	f-p	1/32	
624-25	II	si^b 7	normal*	f-p	1/32	
626-27	II-I	si^b 5	normal*	f-p	1/32	
628-29	I-II	si^b 4	normal*	f-p	1/32	
630-31	I-II	si^b 2	normal*	f-p	1/32	fa#
632-33	I-II-I	si^b 10	normal*	f-p	1/32	

XII

Mes.	*Piano*	*Série*	*Car.*	*Dyn.*	*Durée*	*Cym.*
633-37	II-I	sol^b 6	acc+rép	ff*	1/32	
641-55	II	sol^b 1	normal	pp*	**2/4**	
656-62	I	sol^b 12[I]	six.maj	ff*	1/8	
656-59	II	sol^b 8	sec.maj	mf-pp-f*	1/16	
659-60	II	sol^b 9	tier.maj	p>f*	1/16	
661-63	II	sol^b 3	tier.maj	p-mp*	1/16	
662-71	II-I-II	sol^b 11[II]	sec.min	f-ff*	1/4	
663-65	I	sol^b 7	tier.min	f*	1/16	
665-67	I	sol^b 5	quar.jus	pp*	1/16	sol#-fa#
668-70	I	sol^b 4	tier.maj	p*	1/32	sol#
671-72	I	sol^b 2	sec.min	mf*	1/32	
672-86	II	sol^b 10[III]		toutes*	libre	

[I] 12, 8, 9 et 3 : simultanées
[II] 11, 7, 5, 4 et 2 : simultanées
[III] 10 et 3, 12, 8, 9 (XIII) : simultanées

XIII

Mes.	*Piano*	*Série*	*Car.*	*Dyn.*	*Durée*	*Cym.*
672-75	I	la 1	sec.maj	pp-mf*	1/16	
677-79	I	la 3	sec.min	p-mf*	1/32	
679-80	I	la 12	sec.maj	p-mp-mf*	1/32	
681-82	I	la 8	tier.maj	p-pp-mp*	1/32	
685-87	I	la 9	tier.min	p-mp-f*	1/32	

CYCLES ARPEGES I-XII

XIII*bis*

Mes.	*Piano*	*Série*	*Car.*	*Dyn.*	*Durée*	*Cym.*
848	I	la 1	arpè+acc.	f-fff*		
849	II	la 3	arpè+acc.	f-fff*		
850	II	la 12	arpè+acc.	f-fff*		
851	I	la 8	arpè+acc.	f-fff*		
852-54	I	la 9	normal*	ff*	1/32	
854	I	la 6	normal*	ff*	1/32	
855-61	II-I	la 11	stacc.*	p*	1/16	
862-64	I-II	la 7	stacc.*	f-p*	1/16	
865-67	II-I	la 5	stacc.*	f-p*	1/16	do
867-70	I	la 4	stacc.*	f*	1/16	
871-81	I	la 2	tous*	toutes*	1/4	
872-80	II	la 10	accords*	p*	1/16	
884-87	II	la 1	normal*	p-pp*	1/16	la

(mesures 12-20), 12 (mesures 13-15), 8 (mesures 19-20), etc. Dans le cas de la dérivation 12, par exemple, l'unité de durée est la double croche (1/16), le caractère d'exécution prévu est le normal avec la valeur d'intensité *mp*. Chaque dérivation appartenant au cycle I est caractérisée par un mode de jeu différent et est exécutée avec une dynamique différente. Les caractères ont le même ordre de comparaison que celui du modèle et même les dynamiques suivent le même procédé. Enfin, il faut remarquer la correspondance entre l'ordre de succession des dérivations (1, 3, 12, 8, etc.) et l'ordre de positionnement des notes du modèle.

À présent, on voudrait commenter quelques cas particuliers qui interviennent tout au long du déploiement de l'organisme complexe de *Mantra*. La dérivation 1 du cycle I semble présenter une anomalie par rapport à la normative rythmique du modèle : elle ne respecte pas une unité de durée précise. En effet, son déploiement (mesures 12-60) couvre la totalité du cycle et le caractère d'exécution est la répétition régulière. Or, il faut remarquer qu'effectivement on trouve presque à chaque cycle une dérivation jouant le rôle de *partie libre* qui n'a pas une unité de durée définie. En règle générale, ce type de dérivations libres est conçu en relation avec l'ordre de comparaison des caractères timbriques du modèle. Autrement dit, la dérivation libre du cycle I joue avec le caractère de répétition régulière, la dérivation libre du cycle II est caractérisée par la chute accentuée (mesures 61-85), tandis que la dérivation libre du cycle V est jouée avec la domination du caractère trémolo (mesures 205-280).

La dérivation 4 (mesures 53-69) du cycle I joue un rôle important dans le cadre de l'œuvre dans son ensemble. L'unité de durée est doublée par rapport à l'unité de durée du modèle (la blanche à la place de la noire), sa propre caractérisation est la répétition inégale (morse) avec dynamique *p*. Toutes les dérivations construites sur des unités de durée supérieures à la noire (la blanche et la ronde) représentent effectivement des points de repère dans la composition à cause de leur importance formelle due à leurs durées globales.

La dérivation 12 du cycle VIII (mesures 493-95) porte sur la seconde possibilité principale d'articulation des paramètres de caractère timbrique et de dynamique : on trouve tous les caractères et toutes les dynamiques dans une seule dérivation, comme dans le modèle.

Si on observe la dérivation 7 du cycle III, on constate que son déroulement est accompagné par des longs fragments d'échelles descendantes et ascendantes joués par les pianos. Ces fragments ayant une fonction complémentaire appartiennent à la même gamme que la dérivation[2].

La dérivation 10 du cycle IV est réalisée sous forme d'accords. Les notes complémentaires des accords appartiennent à l'échelle relative. On a donc l'application du caractère « accord » pour chaque note de la dérivation. De plus, la dérivation est entièrement répétée sous forme inchangée immédiatement après (mesures 142-50). On constate donc que la répétition dans une forme très simple est innovante par rapport à la formule initiale du modèle.

À la mesure 212, on trouve la dérivation 12 du cycle V présentée d'une manière intéressante. Le module formé par les trois premières notes de la série est répété plusieurs fois alternativement par le piano I et par le piano II. Chaque répétition se termine par un point d'orgue. On a donc une nouvelle expression du principe compositionnel de répétition : la périodicité des répétitions est différenciée à chaque fois par des durées libres des points d'orgue. Les propositions initiales du fragment sont caractérisées par de légères différences rythmiques. Dès la mesure 221, on trouve des répétitions identiques du même fragment sans aucune interruption. Le fragment de la mesure 228 est caractérisé par l'échange entre *ré* bémol et *do* naturel. Le même procédé est

---

[2] Cf. aussi mesures 165-66 (*mi*, échelle 11) et mesures 316-17 (*ré*, échelle 6).

appliqué un peu plus loin, à la dernière note du fragment : le *la* au lieu du *si* bémol (mesure 231). Par cet expédient, Stockhausen parvient encore une fois à différencier les répétitions régulières des fragments et à créer un nouvel intérêt pour l'écoute. À la mesure 232, le compositeur propose la répétition d'une note unique (dernière note du fragment : *si* bémol). Ensuite, il développe le principe d'altération chromatique qu'il venait d'introduire par le *si* naturel, présenté sous forme isolée (mesure 234). Enfin, de la mesure 238 jusqu'à la mesure 244, se déroule l'exposition complète de la dérivation 12.

La dérivation 10 du cycle VI exploite ultérieurement le principe du modèle de la répétition régulière. À la mesure 325, on trouve l'exposition des deux premiers membres de la dérivation par accords. À partir de la fin de la mesure 328, l'élément final du membre II est isolé et répété. Ensuite (mesure 333), le fragment répété sera constitué par les quatre derniers accords du membre. Ici, le compositeur arrive à créer un nouvel intérêt par la recherche de séquences réitérées de fragments de différentes longueurs. À partir de la mesure 334, sont répétés les membres I, II et III. Ensuite, on trouve différentes séquences basées sur la réitération du membre III. Dans ce passage, les *woodblocks* ont la fonction de marquer les séquences rythmiques des pianos. Il faut souligner, dès la mesure 384, une nouvelle interprétation du principe compositionnel de répétition. Le compositeur indique en partition : « accords parallèlement à chaque fois un peu plus haut, avec la même position des doigts » ; et il demande aux interprètes que les différences rythmiques soient perdues. Cette longue séquence rythmique se termine sur une succession d'accords descendants qui aboutit à l'exposition intégrale de la dérivation 10 (mesures 437-38)[3].

Chaque note de la dérivation 12 du cycle XIII (mesures 679-80) est exécutée en jouant aussi la seconde majeure

[3] Cf. aussi mesures 570-77 (*ré* bémol, échelle 4).

inférieure. L'origine de ce choix compositionnel est probablement liée à deux aspects importants de la composition. Le premier aspect porte sur les relations intervalliques entre les hauteurs du modèle. Dans le cas de cette dérivation, la relation intervallique de seconde majeure est cristallisée et reproduite constamment pour chaque note au cours du déroulement complet de la dérivation. Dans *Mantra*, on trouve aussi des dérivations modifiées de la même manière mais selon d'autres intervalles harmoniques : seconde mineure, tierce (majeure et mineure), quarte juste et sixte majeure (cf. table 1). Le deuxième aspect concerne l'utilisation des modulateurs en anneau et leur fonction de modification du timbre des pianos (cf. *infra*).

Le cycle XIII des dérivations mantriques est interrompu par l'interposition d'une vaste section pianistique caractérisée — d'une manière presque obsessionnelle — par l'exploitation serrée d'arpèges en séquence (table 2). Toutes les unités du cycle d'arpège I ont comme hauteur pivot le *la*. La première unité en arpège propose les hauteurs de la série 1, la deuxième celles de la série 3, etc. Pour la conception des cycles d'arpèges, Stockhausen a opté pour une orientation simplifiée, mais fructueuse, du principe d'arpège du modèle. En effet, les autres paramètres structuraux étant absents, les hauteurs de la série se succèdent sous forme d'un bref arpège. L'articulation des arpèges est rigoureuse : si la série complète de hauteurs, dans sa forme fondamentale (*F*), est jouée par un pianiste, l'autre pianiste joue le miroir (*M*) de la série et les deux pianistes alternent à tour de rôle l'exécution de cette procédure. Le cycle complet d'arpèges se répète douze fois (table 3). En règle générale, la transition d'un cycle au cycle suivant est marquée par la ponctuation rythmique de brefs accords qui sont le produit de la superposition des hauteurs appartenant à la série relative.

Le cycle XIII des dérivations mantriques, interrompu par l'interposition des séquences d'arpèges, fera l'objet d'une reprise intégrale à partir de la mesure 848 et constituera le

Table 2. Cycle d'arpèges I

Mes.	***P. I***	***P. II***	***Série***
692	F	M	*la 1*
693	M	F	*la 3*
694	F	M	*la 12*
695	M	F	*la 8*
696	F	M	*la 9*
697	M	F	*la 6*
698	F	M	*la 11*
699	M	F	*la 7*
700	F	M	*la 5*
701	M	F	*la 4*
702	F	M	*la 2*
703	M	F	*la 10*
704	F	M	*la 1*

Table 3. Cycles d'arpèges I-XII

Mes.	***Cycle***
692-704	*LA*
705-17	*SI*
718-30	*SOL#*
731-43	*MI*
744-56	*FA*
757-69	*RE*
770-82	*SOL*
783-95	*MI*^{b}
796-808	*RE*^{b}
809-21	*DO*
822-34	*SI*^{b}
835-47	*SOL*^{b}

cycle final de la composition (cycle XIII*bis*).

3. *La forme*

Les paragraphes précédents ont été consacrés à l'étude du modèle et des dérivations. Dans ce paragraphe, on étudiera le rôle des cymbales antiques, des modulateurs en anneau et du récepteur d'ondes courtes avec la voix, leur fonction étant strictement liée au déploiement général de la composition.

L'exécution de *Mantra* prévoit un dispositif de douze cymbales antiques montées sur une planche pour chaque pianiste. Les interventions des cymbales portent globalement sur deux cycles complets (table 4) : le cycle I est constitué par la série du modèle sans répétition de la première note ; le cycle II est composé par le miroir de la série dans sa disposition originaire (membres I, II, III et IV). Les épisodes des cymbales se déroulent approximativement avec une fréquence de deux épisodes pour chaque cycle de dérivations aux pianos. Dans le cycle II, comme dans le cycle IV, on trouve un seul épisode de cymbales, tandis que dans le cycle VI on en trouve trois. (cf. table 1). Le cycle des modes de jeu est répété deux fois : la première fois, le caractère timbrique de l'arpège est absent ; la seconde fois, on trouve la re-proposition de la hauteur *sol* dièse et du caractère timbrique de la répétition régulière.

La fonction des modulateurs en anneau est très importante pour le déroulement formel de *Mantra*. Avant d'aborder leur rôle spécifique dans cette composition, il faut expliquer brièvement le fonctionnement du modulateur. Ce dispositif est conçu pour « moduler » deux signaux sonores. Dans *Mantra*, un signal sonore est constitué par des ondes sinusoïdales, l'autre par le son même du piano. Si, par exemple, on injecte un *la* (440 Hz) du piano et un *la* sinusoïdal de la même fréquence, on obtient un son de 880 Hz (la somme). Ainsi, si on joue simultanément le son du

Table 4. Cycles des cymbales I et II

I

Mes.	**Piano**	**Hauteur**	**Car.**
2	I	*la*	rép.
11	I	*si*	chute
22	I	*sol#*	normal
73	II	*mi*	gruppetto
89	I-II	*fa-ré*	trémolo
121	I	*ré*	accord
128	I	*sol*	départ
240-41	II	*mi^b*	chrom.
269	I	*ré^b*	stacc.
292-307	II-I	*do*	morse
308	I	*si^b-(do)*	tr.
312-14	II	*sol^b*	écho

II

Mes.	**Piano**	**Hauteur**	**Car.**
458	I	*la*	rép.
464	II	*sol*	chute
521	II	*si^b*	normal
530	I	*ré*	gruppetto
540-42	I-II	*do#-mi*	trémolo
564	II	*mi*	accord
592	II	*si*	départ
602-03	I	*mi^b*	chrom.
612	I	*fa*	stacc.
630-54	I-II	*fa#*	morse
665	II	*sol#-(fa#)*	tr.
668	II	*sol#*	écho
865	I	*do*	arpège
882-83	I	*la*	rép.

piano et le son modulé, on obtient comme effet la modification du timbre du piano, la puissance du deuxième harmonique étant doublée. Si on injecte comme signaux un *la* (440 Hz) et la quinte supérieure (un *mi* 660 Hz), on obtient comme somme le *do* dièse (1100 Hz), correspondant au cinquième harmonique de *la*, et un *la* à l'octave inférieure (220 Hz), c'est-à-dire la différence entre les deux fréquences. Dans ce cas, on change le timbre du piano en augmentant la puissance du cinquième harmonique et de la fondamentale (premier harmonique). Les instructions pour la réalisation de *Mantra* prévoient le mixage du son modulé avec le son naturel des pianos.

À présent, on voudrait expliquer la fonction particulière et l'importance des deux modulateurs en anneau de *Mantra*. Comme on l'a vu précédemment, les hauteurs du modèle s'éloignent de plus en plus, du point de vue intervallique, de la hauteur centrale. On trouve notamment l'intervalle de quinte juste à la fin du membre I, l'intervalle de quarte juste à la fin du membre II, l'intervalle de tierce majeure (suivi immédiatement par l'intervalle de tierce mineure) à la fin du membre III et on retrouve la hauteur centrale (unisson) à la fin du membre IV. Ainsi, lorsque les modulateurs « jouent » la note centrale (le *la*) pendant le déploiement de la série, on a un parcours harmonique partant d'un état harmonique de *consonance* qui aboutit au même état harmonique : il s'agit notamment de la hauteur centrale au piano modulée avec la hauteur centrale aux modulateurs. Lors de ce parcours, on observe de différents stades de *dissonance* engendrés par la modulation avec les hauteurs (jouées par les pianos) à l'intervalle de quinte, de quarte et de tierce. Par conséquent, les stades harmoniques de consonance (aux deux extrémités de la série) contrastent sensiblement par rapport aux stades transitoires de dissonance.

En ce qui concerne le déroulement général de *Mantra*, le modulateur I joue en séquence les hauteurs de la série originelle du modèle, tandis que le modulateur II réalise la séquence du miroir de la série dans sa disposition originaire (membres I, II, III et IV). Le parcours des modulateurs est donc dérivé directement du modèle unique de la composition (table 5).

Les modulateurs changent de fréquence parallèlement : pendant le cycle I des dérivations mantriques, les modulateurs jouent la première fréquence (*la*). En correspondance du cycle II, le modulateur I change au *si* tandis que le modulateur II change au *sol*, etc. De plus, les exécutants utilisent les modulateurs pour obtenir des glissandos de fréquence, ce qui engendre davantage d'écarts timbriques par rapport aux sons des pianos, des micro-intervalles et des dissonances changeantes.

Ainsi, en ce qui concerne la macro-forme, on obtient la juxtaposition d'amples sections ayant des degrés de dissonance différents. En effet, au début du cycle I des dérivations mantriques, par exemple, l'effet de la modulation en anneau sera exactement le même que celui obtenu sur l'exécution du modèle initial. En revanche, les dérivations mantriques suivantes ne donneront qu'au début et à la fin un effet sonore consonant, les intervalles de la série étant modifiés. En ce qui concerne la totalité de l'œuvre, on peut localiser trois sections particulièrement consonantes : au début de la composition (cycle I), au milieu (cycle VIII) et à la fin (cycle XIII). Ces trois moments représentent des points de repère forts pour l'équilibre formel de l'œuvre.

Le récepteur d'ondes courtes — ou magnétophone avec dispositif de réglage d'intensité du son — intervient à la mesure 579. Le récepteur a pour fonction de générer un effet sonore de type morse par la variation d'intensité du son. Ce choix compositionnel constitue une extension intéressante du principe du caractère timbrique morse du modèle. En effet, si jusqu'à ce moment ce caractère mantrique a été utilisé pour l'articulation du paramètre des durées (séquences de sons de longueur inégale), maintenant la même notion est appliquée au paramètre de l'intensité.

Table 5. Parcours des modulateurs

MODULATEUR I

Mes.	*Fréquence*
1	***la*** *(220 Hz)*
64	***si***
92	***sol#***
97	*sol*
100	*sol# evént.*
107	*sol#*
110	*sol# gliss.*
122	*sol#-mi-sol#*
132	***mi***
186	*mi-sol#-mi*
201	***fa***
284	***ré***
421	*ré-la-ré*
448	***sol***
491	***mi***^{b}
536	***ré***^{b}
577	***do***
610	***si***^{b}
640	*si*^{b} *gliss.*
654	***fa#***
672	***la***

MODULATEUR II

Mes.	*Fréquence*
1	***la*** *(220 Hz)*
66	***sol***
96	***si***^{b}
151	*sol#*
176	*mi*
185	***ré***
216	***do#***
282	***mi***
421	*mi-la-mi glis.*
438	***si***
491	***mi***^{b}
527	***fa***
580	***fa#***
608	***sol#***
639	***do***
687	***la***

À la fin de l'intervention du récepteur d'ondes courtes (mesure 637), on trouve une brève intervention de la voix. L'idée vocale est simple : des glissandos descendants lents précédés par une note brève dont la chute est accentuée par les *woodblocks*. Précédemment, le glissando a été utilisé uniquement pour l'articulation du parcours des modulateurs, tandis que l'accentuation de la chute des voix rappelle incontestablement le caractère timbrique de chute accentuée du modèle.

La forme générale dérive elle aussi du modèle mantrique. Elle est caractérisée par l'exécution du modèle au début suivie par les treize cycles de dérivations mantriques (figure 1). Le cycle XIII est interrompu par l'interposition des douze cycles d'arpèges. La reprise du cycle (cycle XIII*bis*) et son déploiement intégral aboutissent à la fin de la composition.

Comme on l'a souligné précédemment, les dérivations dont l'unité de durée est supérieure à la noire (l'unité de durée du modèle), jouent un rôle important du point de vue de la forme générale. Au cours des treize cycles de *Mantra*, on trouve cinq dérivations de durée supérieure à celle du modèle dans l'ordre suivant : 106 temps (cycle I), 212 temps (cycle IV), 106 temps (cycle V), 212 temps (cycle VIII) et 106 temps (cycle XII).

Les cymbales interviennent approximativement deux fois pour chaque cycle de dérivations mantriques, leur rôle étant de marquer le rythme formel de succession des cycles.

Les modulateurs (~ *I* et ~ *II*), qui jouent constamment, génèrent un effet particulièrement consonant aux cycles I, VIII et XIII, tandis que les oscillations morse du récepteur d'ondes courtes et les glissandos de la voix (*KW* et *V*) interagissent avec les autres dispositifs ponctuellement à partir de la fin du cycle IX jusqu'au début du cycle XII.

Fig. 1. Schéma formel

I	**~I :**	*la*												
	~II :	*la*												
	Série :	1	3	12	8	9	6	11	7	5	4	2	10	1
II	**~I :**	*si*												
	~II :		*sol*											
	Série :	1	3	12	8	9	6	11	7	5	4	2	10	
III	**~I :**		*sol#*											
	~II :				*sib*									
	Série :	1	6	12	8	9	3	11	7	5	4	2	10	
IV	**~I :**					*mi*							*fa*	
	~II :							*ré*						
	Série :	1	3	12	8	10	6	11	7	5	4	2	9	
V	**~I :**													
	~II :			*do#*										
	Série :	1	3	12	8	10	6	11	5	7	4	2	9	
VI	**~I :**	*ré*												
	~II :	*mi*											*si*	
	Série :	1	3	12	8	9	7	11	6	5	4	2	10	
VII	**~I :**		*sol*											
	~II :													
	Série :	1	3	12	5	7	6	10	9	8	4	2	11	
VIII	**~I :**		*mib*										*réb*	
	~II :		*mib*						*fa*					
	Série :	1	3	12	8	9	7	11	6	5	4	2	10	
IX	**~I :**										*do*	**KW**→ ---	---	---
	~II :											*fa#*		
	Série :	2	1	9	8	11	7	12	6	5	4	3	10	
X	**~I :**												*sib*	
		--- (ligne pointillée)												
	~II :										*sol#*			
	Série :	1	3	5	12	8	6	11	9	7	4	2	10	
XI	**~I :**										*do*			
		--- (ligne pointillée)												
	~II :													
	Série :	1	3	12	8	9	6	11	7	5	4	2	10	
XII	**~I :**	**V** →	*fa#*										*la*	
	~II :		*do*											
	Série :	6	1	12	8	9	3	11	7	5	4	2	10	
XIII	**~I :**						*Cycles arpèges I-XII*							
	~II :					*la*								
	Série :	1	3	12	8	9								
XIII*bis*	**~I :**													
	~II :													
	Série :	1	3	12	8	9	6	11	7	5	4	2	10	1

4. *Evaluations*

Comme on a pu le remarquer au cours de cette analyse, la composition est entièrement conçue à partir d'un modèle unique. Les dérivations mantriques sont le résultat de la mise en œuvre de toutes les caractéristiques fondamentales du modèle : l'organisation des hauteurs, la proportion des durées, la distribution des caractères et des valeurs d'intensité.

Les treize cycles de dérivations mantriques suivent un plan formel cohérent qui découle du modèle : les dérivations composant un cycle sont au nombre de douze, autant que les hauteurs du modèle, à l'exception du premier et du dernier cycle. Le numéro de séquence des dérivations pour chaque cycle suit approximativement l'ordre d'apparition des hauteurs dans la série fondamentale du modèle : 1 (*la*), 3 (*si*), 12 (*sol* dièse), etc. Si dans le modèle on trouve tous les caractères timbriques et toutes les dynamiques organisés selon le principe sériel, chaque cycle présente globalement le même type de distribution. La structure dodécaphonique du modèle est ainsi étendue et articulée au niveau formel supérieur.

La forme générale de l'œuvre dérive du modèle : le nombre des cycles (treize) correspond au nombre des notes du modèle. De plus, les hauteurs pivots des treize cycles sont les hauteurs de la série originelle du modèle disposées dans le même ordre. Ainsi, le cycle I est articulé sur la hauteur *la*, le cycle II sur la hauteur *si*, le cycle III sur la hauteur *sol* dièse, etc.

L'ensemble des douze cycles d'arpèges qui intervient vers la fin de l'œuvre est cohérent avec les principes constructifs du modèle. La forme des cycles d'arpèges constitue en quelque sorte une miniature de la macro-forme de l'œuvre. En effet, la séquence des douze hauteurs pivots des cycles d'arpèges est la même que celle des cycles de dérivations mantriques. Chaque cycle d'arpèges est composé par la succession de treize dérivations, de la durée d'une mesure chacune, présentées dans le même ordre d'apparition que les hauteurs du modèle.

Les interventions des cymbales, des modulateurs en anneau, du récepteur d'ondes courtes et de la voix s'articulent à partir des principes compositionnels du modèle. Les cymbales proposent deux cycles de hauteurs, la série originelle du modèle et son miroir, où le cycle originel des caractères timbriques se répète deux fois. Le parcours des modulateurs est axé sur les mêmes hauteurs des cymbales déployées simultanément. Enfin, le récepteur et la voix développent respectivement deux caractères spécifiques du modèle : le caractère morse et la chute accentuée sur le glissando.

Bien que *Mantra* ne soit pas une composition sérielle, on a pu repérer l'utilisation de quelques procédures sérielles. Le modèle unique est conçu sur l'idée de la série généralisée : les hauteurs sont organisées en série dodécaphonique (avec répétition de la première hauteur) ; les relations intervalliques des hauteurs avec la hauteur pivot initiale constituent une série d'intervalles ; chaque membre rythmique du modèle représente une série de durées ; le même principe gère les caractères timbriques et les valeurs d'intensité. En ce qui concerne les règles fondamentales d'articulation de la série, Stockhausen n'utilise que l'inversion des intervalles pour l'élaboration de la portée inférieure du modèle et la distribution en miroir de ses membres, les règles de rétrogradation ou d'inversion de la rétrogradation n'étant pas employées.

La classification des caractères timbriques du modèle permet de mettre en relief certaines références au langage tonal. Le caractère de la répétition régulière et celui de la répétition inégale « morse » sont le produit de deux principes complémentaires d'articulation rythmique. Le caractère de chute accentuée est bien familier avec le caractère de départ accentué. Le sixième caractère, l'accord, reste isolé. Or, le gruppetto, le trémolo, la descente chromatique, le trille et l'arpège constituent une sous-classe enracinée dans la pratique et dans une certaine « rhétorique musicale » de la tonalité, notamment le gruppetto et le trille qui constituent un renvoi assez marqué aux coutumes des ornements de style baroque. De même, les caractères d'exécution *normale*, *staccato* et *sforzando* sont fortement enracinés dans la pratique instrumentale de la tonalité.

Cependant, le lien le plus fort à la tonalité porte sur la conception innovante du rapport entre consonance et dissonance qui aboutit à une nouvelle notion cadentielle réalisée par l'intermédiaire des modulateurs en anneau. Dans *Mantra*, on peut envisager plusieurs couches cadentielles simultanées : lorsque le processus cadentiel référé à la première dérivation du cycle I est en train de s'accomplir, le processus cadentiel du cycle, dans son ensemble, vient juste de commencer ; en même temps, un processus de plus vaste amplitude devra attendre le cycle VIII pour s'accomplir.

On pourrait enfin évoquer des liens avec certains aspects de la période historique entre tonalité et sérialisme : parmi les plus évidents, sans doute la conception modale des gammes mantriques qui constitue une référence à la musique de Debussy et à celle de Messiaen.

En conclusion, les aspects sériel, modal et tonal de *Mantra*, qui synthétisent en quelque sorte l'évolution historique de la tonalité jusqu'au sérialisme, sont symptomatiques de la conscience de la crise irréversible des langages précédents et du besoin impérieux de faire appel à des points de repère reconnus de la tradition afin d'assurer la communication dans un contexte linguistique expérimental.

CONCLUSION

Cette étude avait comme objectif principal l'esquisse d'une nouvelle approche théorique et méthodologique de la musique. Le travail a été articulé en deux parties : la première partie a été consacrée à la théorie et à la méthodologie, tandis que la seconde partie portait sur les analyses musicales. À présent, on tentera de dresser une synthèse dynamique des résultats théoriques, méthodologiques et analytiques obtenus.

La modélisation musicologique effectuée à partir de la théorie des révolutions scientifiques de Thomas Kuhn se caractérise par l'association de deux procédures différentes. Premièrement, le projet général appliquait la théorie d'origine à l'hypothèse musicale en passant par deux moments critiques : la reconnaissance des fondements des notions primordiales de Kuhn dans la *seconde philosophie* de Ludwig Wittgenstein et la mise en contexte par rapport au débat philosophique occasionné par la première édition de *La structure des révolutions scientifiques*. Cependant, à la différence de l'approche scientifique de Kuhn, la modélisation musicologique a été abordée à partir d'une réflexion centrée sur les micro-phénomènes, à savoir les unités minimales du discours musical, pour aboutir ensuite à des évaluations portant sur les macro-phénomènes : le style et le langage musical.

La notion de dérivabilité — élément théorique et méthodologique central de la modélisation musicologique — a été élaborée à partir des notions kuhniennes de résolution d'énigmes et d'anomalie, tout en tenant compte des implications du concept d'énigme dans la philosophie du langage de Wittgenstein.

La catégorie d'anomalie de Kuhn, indissociable de l'idée de résolution d'énigme, s'est révélée problématique par rapport au champ musical. En effet, cette notion est intimement liée au contexte épistémologique traditionnel, ce qui implique le rapport de vérification entre théorie et expérience. Par conséquent, elle a fait l'objet d'une adaptation au cadre musical sous forme d'innovation artistique, c'est-à-dire d'un élément ayant une fonction propulsive pour la création et pour l'évolution du langage musical qui implique la seule catégorie de l'invention. Ainsi, la récurrence des innovations est substantielle à cette approche théorique de la musique, mais n'est pas affectée par la problématique de la vérification par rapport à l'expérience, problématique qui soulève des dissensions ontologiques importantes dans le cadre du débat épistémologique post-positiviste.

Le modèle et les dérivations représentent les composantes fondamentales de la notion de dérivabilité. En particulier, le modèle constitue à la fois une abstraction théorique et une schématisation analytique des potentialités de déploiement, d'articulation et d'interconnexion des unités du discours musical : les dérivations.

L'adaptation de la catégorie scientifique de matrice disciplinaire au domaine musical a été effectuée à partir de l'étude des micro-phénomènes musicaux et en tenant compte prioritairement du point de vue d'un individu : le compositeur. En effet, dans la théorie originelle, la matrice disciplinaire n'était référée qu'à la communauté scientifique, son champ d'analyse étant beaucoup plus vaste et générique par rapport au champ musical. Ainsi, la matrice disciplinaire musicale — l'ensemble des modèles — a la fonction prioritaire de construction et de déploiement de la composition. Un des aspects de différenciation parmi les plus importants entre la théorie de Kuhn et l'approche musicologique repose sur la réduction des trois composantes de la matrice disciplinaire (les généralisations symboliques, l'heuristique et les valeurs) à deux : la structure symbolique temporelle et l'heuristique musicale. La structure symbolique temporelle a pour fonction de décrire les potentialités d'articulation temporelle des unités musicales. Ainsi, si dans la théorie scientifique la généralisation symbolique est présentée d'une manière générique, en tant que « forme logique », « forme symbolique » ou « forme verbale » des assertions scientifiques, dans la modélisation musicologique la structure symbolique temporelle acquiert une configuration théorique plus précise et circonscrite, notamment en relation avec une composante immanente à l'art musical : la temporalité.

En ce qui concerne la méthodologie d'analyse, la définition de la structure symbolique temporelle a permis de mettre en relief quelques aspects importants relatifs à la temporalité. Dans l'analyse de *Mantra*, on a pu décrire les processus de contraction et de dilatation des dérivations mantriques. En ce qui concerne *Farben*, on a mis en relation l'écriture instrumentale avec les « durées structurelles » de la composition. Enfin, dans *Der Frühling*, on a pu remarquer la familiarité de la structure rythmique entre modèles différents.

De plus, la structure symbolique temporelle s'est avérée un outil théorique important à différents niveaux d'analyse du langage musical, comme par exemple ceux concernant les modèles primordiaux de la tonalité ou du sérialisme. En effet, comme on a pu le constater au cours des études historiques sur le langage tonal et sur le langage sériel, la structure symbolique temporelle des deux modèles dynamiques de la tonalité est donnée par le cycle cadentiel des fonctions, tandis que le principe de succession sérielle fait office de structure symbolique temporelle pour toutes les œuvres sérielles. Ainsi, l'applicabilité de cette catégorie musicologique au niveau des unités minimales du discours musical, mais également au niveau du style et du langage musical, montre la forte cohésion et cohérence de la théorie en relation étroite avec la méthodologie d'analyse.

Les concepts de *jeu linguistique* et de *ressemblance de famille*, appartenant à la philosophie du langage de Wittgenstein, se sont révélés fort utiles dans l'étude de la variété et des degrés de rationalisation des règles heuristiques. Ils ont permis, en particulier, de montrer que les règles proprement dites représentent les parties heuristiques entièrement rationalisées, tandis que les normes — catégorie de plus vaste envergure — englobent non seulement les secteurs de l'heuristique non entièrement rationalisés mais aussi les éléments non rationalisés. Ainsi, la bipartition de l'heuristique musicale a permis de mettre l'accent sur les composantes subjectives qui participent à la création et à l'évolution des langages musicaux. Dans cette orientation théorique, ces composantes intègrent effectivement les stratégies de développement des langages musicaux en tant qu'éléments complexes et difficiles à rationaliser, ce qui implique aussi une plus grande flexibilité et efficacité de la méthodologie d'analyse. Dans l'analyse de *Mantra*, on a constaté que les réalisations individuelles des caractères « mantriques » dépassent les prescriptions rigoureuses de l'architecture pré-compositionnelle et impliquent l'expérience et les choix subjectifs du compositeur.

La matrice disciplinaire musicale, les mécanismes de dérivabilité et la communauté sont les trois composantes formant l'idée de langage musical qui émerge de cet ouvrage. Pour l'élaboration de ce concept, fondé sur la définition kuhnienne de paradigme scientifique, on a tenu compte, d'une manière critique, de quelques ambiguïtés terminologiques occasionnées par un emploi parfois peu contrôlé du terme « paradigme » de la part de Kuhn et surtout de quelques imprécisions plus substantielles. En particulier, l'interchangeabilité des termes « paradigme » et « théorie » — indistinctement par rapport au cadre de la science normale et au contexte de la science extraordinaire — et l'oscillation entre l'unicité et la pluralité des paradigmes — notamment dans le domaine de développement normal — demandaient un éclaircissement préalable finalisé à la modélisation musicale. Ce processus critique préliminaire a conduit, d'un côté, à associer constamment la catégorie de langage musical au cadre du développement cumulatif au sens kuhnien du terme, de l'autre côté, à mettre systématiquement en relation l'idée de théorie avec les systèmes linguistiques plus limités des périodes historiques extraordinaires. Ainsi, si au cours des études sur la tonalité et sur le sérialisme, comme dans les analyses de *Der Frühling* et de la *Symphonie* op. 21, on s'est référé systématiquement à cette conception de langage musical, les réflexions concernant les œuvres *Mantra* et *Farben* ont été menées à partir de la catégorie de phase historique extraordinaire.

À la différence de la communauté scientifique, la communauté musicale peut impliquer aussi un nombre limité d'individus. Cette différenciation a permis d'approfondir quelques aspects qui concernent notamment la réception des innovations proposées par les compositeurs. Au cours de l'analyse de la *Symphonie* op. 21, on a fait allusion à deux réseaux communautaires concernés par la production dodécaphonique webernienne : le premier contemporain au compositeur, le second relatif à la génération de compositeurs dite « postwebernienne ». Ainsi, on a pu mettre en relief l'influence du style sériel de Webern sur l'évolution du sérialisme, notamment par rapport à la destination finale du langage sériel : le sérialisme intégral.

L'élaboration du concept de langage musical implique

l'interaction entre matrices disciplinaires hiérarchisées. Cet aspect, entièrement absent dans la théorie de Kuhn, s'est révélé très important pour l'approche musicologique. En effet, grâce à cette définition, on a pu présenter une hypothèse dynamique et cyclique de développement cumulatif des langages musicaux axée sur deux orientations opposées et complémentaires : le moment créatif d'instruction des modèles individuels des œuvres et l'aspect de l'accroissement évolutif des modèles linguistiques qui repose sur la dimension de la réception. La dynamique de l'accroissement cumulatif des langages a été approfondie, du point de vue historique, dans les études sur le langage tonal et sur le langage sériel. En revanche, les analyses des œuvres de Brahms et de Webern ont été consacrées à l'étude de la dynamique inverse : l'instruction des modèles compositionnels individuels par l'intermédiaire des modèles linguistiques primordiaux en passant par les modèles stylistiques.

Le processus cyclique évolutif du langage musical a mis également en relief quelques particularités importantes concernant la crise. En effet, l'exploitation « circulaire » et réitérée des modèles primordiaux montre que la crise est le résultat de l'achèvement des potentialités d'un langage. Les accords qui ont caractérisé l'évolution historique de l'harmonie tonale et la graduelle extension du principe sériel exemplifient ce phénomène. De plus, la schématisation du processus cyclique évolutif a permis de mettre l'accent sur le moment ponctuel de transformation d'une incongruité musicale en contre-exemple pour le langage : dans la musique tonale, les incongruités de crise se sont manifestées à partir des accords wagnériens de neuvième, tandis que le moment de crise du sérialisme correspond à la généralisation du principe sériel à tous les paramètres.

Si les révolutions scientifiques de Kuhn ont été expliquées par l'intermédiaire des catégories de la traduction, de la persuasion, du consensus et de la conversion — ce qui a soulevé de nombreuses objections dans le cadre du débat épistémologique — les révolutions musicales, paradoxalement, présentent un caractère plus logique, plus déductif. En particulier, l'étude de la révolution dodécaphonique a mis en évidence la relation étroite entre l'état de crise de la tonalité — le chromatisme généralisé — et la nouvelle conception sérielle. Cette distinction importante entraîne donc une révision substantielle du concept kuhnien d'incommensurabilité, d'autant plus que, comme on a pu le constater, la coexistence de plusieurs langages et théories dans le champ musical n'implique pas forcément une contradiction ontologique flagrante comme dans le cadre des sciences.

Cette approche épistémologique de la musique s'est avérée efficace par rapport à un panorama musical vaste et hétérogène du point de vue historique et stylistique. Sur la base du principe auquel j'ai été fidèle tout au long de ma recherche, à savoir la comparaison critique perpétuelle des résultats théoriques, méthodologiques et analytiques, je pense que de nouvelles contributions pourront enrichir ce travail ultérieurement. En particulier, je suis persuadé que l'étude du phénomène historique de la musique dite « spectrale » pourra montrer que celle-ci, comme la tonalité et le sérialisme, a présenté un mode de fonctionnement de type cumulatif. De plus, même si cette étude fait appel à ce que l'on peut appeler des critères d'histoire immédiate, on pourrait déceler dès à présent dans le phénomène du spectralisme un véritable état de crise, au sens de l'achèvement des potentialités de ce langage. Cette orientation pourrait, en outre, éclaircir et expliquer les nouvelles définitions de musique « post-spectrale » ou « néo-spectrale » attribuées dans les dernières années à ce courant historique. Enfin, l'actualité de la musique spectrale permettra, peut-être, d'esquisser d'une manière plus claire certains aspects de la trame et des modalités concernant les relations sociales à l'intérieur des complexes réseaux communautaires de ce micro-univers musical.

Cet essai a peut-être contribué à mettre en évidence la possible analogie entre les processus de la découverte scientifique et les stratégies de la création musicale. Le rapprochement entre la théorie épistémologique de Kuhn et la philosophie du langage de Wittgenstein a mis en relief le caractère « propositionnel » du raisonnement sur l'histoire des sciences de Kuhn. On a vu notamment comment cette orientation philosophique a conduit Kuhn à la critique du principe positiviste de la vérification. Ces réflexions nous amènent à supposer l'existence d'un processus cognitif unique pour les sciences et pour les arts. Cette hypothèse permettrait d'envisager une analyse critique de la fonction des arts et en particulier de la musique, dans le cadre plus général de la théorie de la connaissance. Cela m'induit à imaginer, avec Nelson Goodman, que « non moins sérieusement que les sciences, les arts doivent être considérés comme des modes de découverte, de création, et d'élargissement de la connaissance au sens large d'avancement de la compréhension, et que la philosophie de l'art devrait alors être conçue comme partie intégrante de la métaphysique et de l'épistémologie » (Goodman, 1992 : 133). Il s'agit d'une conjecture dont il faudrait peut-être tenir compte tout particulièrement aujourd'hui à la lumière des changements épistémologiques intervenus au cours de la transition de l'ère du néo-positivisme à l'ère actuelle du post-positivisme.

GLOSSAIRE

Dérivabilité. La notion de dérivabilité a pour fonction de mettre au jour les mécanismes de la création musicale. Elle est fondée sur la relation étroite entre *modèles* et *dérivations*.

Dérivation. les dérivations sont des occurrences spécifiques et individuelles du *modèle* théorique et représentent les composantes dynamiques du discours musical.

Heuristique musicale. L'heuristique musicale représente la composante normative du *modèle* qui a pour fonction d'instruire toutes les phases constructives de l'œuvre, à savoir la génération des *modèles* et les processus de *dérivation* et de connexion entre les *unités* d'articulation du discours musical.

Matrice disciplinaire musicale. La matrice disciplinaire musicale représente l'ensemble (la classe) des *modèles* qui orientent la construction d'une œuvre musicale et son déploiement. La matrice disciplinaire de l'œuvre est définie conventionnellement comme *classe nucléaire* du langage, les matrices disciplinaires de style comme *classes intermédiaires* et la matrice disciplinaire la plus générale, celle qui inclut toutes les autres, comme *classe du langage*.

Modèle. Le modèle a une fonction fondatrice et normative dans la construction de l'œuvre musicale. Il s'agit d'une notion achronique du langage musical qui décrit les potentialités de production et d'articulation des *unités* du discours musical : les *dérivations*. La *structure symbolique temporelle* et *l'heuristique* sont les éléments constitutifs du modèle.

Paradigme musical. La notion de paradigme musical porte à la fois sur les stratégies de la création et sur la composante communautaire, ce qui implique un langage reconnu et partagé au niveau communautaire. Plus précisément, elle comprend (1) la catégorie de *matrice disciplinaire*, (2) les processus de *dérivabilité* et (3) la composante communautaire (*réseau communautaire*).

Réseau communautaire. Ce terme, à la différence de celui plus générique de « communauté » employé par Kuhn, peut impliquer aussi un nombre très limité d'individus. De plus, dans un contexte où une multiplicité de réseaux coexistent, il permet de remarquer et de décrire les relations et éventuellement les interactions entre groupes.

Structure symbolique temporelle. La structure symbolique temporelle a la fonction de décrire les potentialités d'articulation temporelle des *unités musicales*. Il s'agit de l'assise temporelle qui reste stable et reconnaissable dans les différentes *dérivations* (occurrences spécifiques et individuelles de la re-présentation du *modèle*).

Unité musicale. L'unité musicale dénote un événement sonore achevé, c'est-à-dire avec un *début* et une *fin*, donc reconnaissable en tant que tel. Cette définition est axée sur la notion de récurrence : en effet, une unité est reconnaissable seulement par la récurrence dans le temps d'une autre unité similaire.

BIBLIOGRAPHIE

ACKERMAN James S., 1969 : « The Demise of the *Avant Garde*: Notes on the Sociology of Recent American Art », *Comparative Studies in Society and History*, XI, Cambridge, Cambridge University Press, pp. 371-84.

ARTUSI Giovanni Maria, 1600 : *L'Artusi, ovvero delle imperfettioni della moderna musica*, Venise.

BORIO Gianmario, 1987 : « Nono a Darmstadt. Le opere strumentali degli anni Cinquanta », in *Nono*, a cura di Enzo Restagno, Torino, EDT/Musica, pp. 77-101.

BORIO Gianmario, 1989 : « L'immagine « seriale » di Webern », in *L'esperienza musicale. Teoria e storia della ricezione,* a cura di Gianmario Borio e Michela Garda, Torino, EDT/Musica, pp. 185-203.

BORTOLOTTO Mario, 1969 : *Fase seconda. Studi sulla Nuova Musica*, Torino, Giulio Einaudi editore.

BURKHART Charles, 1973 : « Schoenberg's *Farben* an Analysis of Op. 16, no. 3 », *Perspectives of New Music*, pp. 141-72.

DAHLHAUS Carl, 1993 : *La tonalité harmonique. Etude des origines*, Liège, Pierre Mardaga éditeur ; éd. orig. *Untersuchungen über die entstehung der harmonischen tonalität*, Kassel — Basel — London — New York, Bärenreiter-Verlag Karl Vötterle GmbH & Co. KG, 1967.

DE LA MOTTE Diether, 1988 : *Manuale di armonia*, Scandicci (Firenze), La Nuova Italia Editrice ; éd. orig. *Harmonielehre*, Kassel, Bärenreiter-Verlag, 1976.

GOODMAN Nelson, 1992 : *Manières de faire des mondes*, Nîmes, Éditions Jacqueline Chambon ; éd. orig., *Ways of Worldmaking*, Hackett Publishing Company, 1978.

KUBLER George, 1969 : « Comment », *Comparative Studies in Society and History*, XI, Cambridge, Cambridge University Press, pp. 398-402.

KUHN Thomas S., 1969 : « Comment », *Comparative Studies in Society and History*, XI, Cambridge, Cambridge University Press, pp. 403-12.

KUHN Thomas S., 1970 : « Reflections on my Critics », in *Criticism and the Growth of Knowledge*, Edited by Imre Lakatos and Alan Musgrave, Cambridge University Press, pp. 231-78.

KUHN Thomas S., 1973 : *La Révolution copernicienne*, Paris, Librairie Arthème Fayard ; éd. orig., *The Copernican Revolution*, Cambridge, The President and Fellows of Harvard College, 1957.

KUHN Thomas S., 1983 : *La structure des révolutions scientifiques*, Paris, Flammarion ; éd. orig., *The Structure of Scientific Revolutions*, Chicago Illinois U.S.A., The University of Chicago Press, 1962, Second Edition enlarged 1970.

KUHN Thomas S., 1990 : *La tension essentielle. Tradition et changement dans les sciences*, Paris, Editions Gallimard ; éd. orig., *The Essential Tension. Selected Studies in Scientific*

Tradition and Change, Chicago Illinois U.S.A., The University of Chicago Press, 1977.

LAKATOS Imre & MUSGRAVE Alan (Edited by), 1970 : *Criticism and the Growth of Knowledge*, Cambridge University Press (textes de Paul Feyerabend, Thomas Kuhn, Imre Lakatos, Margaret Masterman, Karl Popper, John Watkins et Pearce Williams).

LAKATOS Imre, 1970 : « Falsification and the Methodology of Scientific Research Programmes », in *Criticism and the Growth of Knowledge*, Edited by Imre Lakatos and Alan Musgrave, Cambridge University Press, pp. 91-196.

LEIBOWITZ René, 1949 : *Introduction à la musique de douze sons. Les* Variations pour orchestre *op. 31 d'Arnold Schoenberg*, Paris, L'Arche editeur.

LIGETI György, 1985 : « Metamorfosi della forma musicale », in *Ligeti*, a cura di Enzo Restagno, Torino, EDT/Musica, pp. 223-42 ; éd. orig., « Wandlungen musikalischen Form », *Die Reihe*, n. 7, 1960.

MARTINET André, 1955 : *Economie des changements phonétiques. Traité de phonologie diachronique*, Berne, Editions A. Francke.

NATTIEZ Jean-Jacques, 1987 : *Musicologie générale et sémiologie*, Paris, Christian Bourgois éditeur.

OPPO Franco, 1983 : « Per una teoria generale del linguaggio musicale », in *Musical Grammars and Computer Analysis*, atti del Convegno (Modena, 4-6 ottobre 1982), Firenze, Leo S. Olschki Editore, pp. 115-30.

PISTON Walter, 1987 : *Harmony*, New York — London, W. W. Norton & Company (Revised and Expanded by Mark Devoto).

POPPER Karl, 1970 : « Normal Science and its Dangers », in *Criticism and the Growth of Knowledge*, Edited by Imre Lakatos and Alan Musgrave, Cambridge University Press, pp. 51-58.

RAMEAU Jean-Philippe, 1722 : *Traité de l'harmonie réduite à ses principes naturels*, Paris, Ballard.

RUWET Nicolas, 1972 : *Langage, musique, poésie*, Paris, Edition du Seuil.

SCHÖNBERG Arnold, 1977 : *Le style et l'idée*, Paris, Éditions Buchet/Chastel ; éd. orig., *Style and Idea*, New York, Philosophical Library, 1950.

SCHÖNBERG Arnold, 1983 : *Traité d'harmonie*, Paris, Jean-Claude Lattès ; éd. orig., *Harmonielehre*, Universal Edition, 1922 (renouvelé 1949).

STOCKHAUSEN Karlheinz, 1978 : *Texte zur Musik*, Bd. 4. 1970-1977, Köln, DuMont Buchverlag.

STOIANOVA Ivanka, 1996 : *Manuel d'analyse musicale. Les formes classiques simples et complexes*, Paris, Éd. Minerve.

TROUBETZKOY Nicolas S., 1967 : *Principes de phonologie*, Paris, Editions Klincksieck.

WEBERN Anton, 1980 : *Chemin vers la nouvelle musique*, Paris, Jean-Claude Lattès ; éd. orig., *Der Weg zur Neuen Musik*, Universal Edition, 1960.

WITTGENSTEIN Ludwig, 1961 : *Tractatus logico-philosophicus* suivi de *Investigations philosophiques*, Paris, Editions Gallimard ; éd. orig., *Tractatus logico-philosophicus*, London, Routledge & Kegan Paul Ltd, 1922 ; *Philosophische Untersuchungen*, Oxford, Basil Blackwell, 1953.

WITTGENSTEIN Ludwig, 1975 : *Remarques philosophiques*, Paris, Editions Gallimard ; éd. orig., *Philosophische Bemerkungen*, Oxford, Basil Blackwell, 1964.

XENAKIS Iannis, 1994 : *Kéleütha*, Paris, L'Arche Editeur.

TABLE DES MATIERES

Achevé d'imprimer par Corlet Numérique - 14110 Condé-sur-Noireau
N° d'Imprimeur : 8533 - Dépôt légal : mai 2002 - Imprimé sur DemandStream

Imprimé en UE